KB167069

# 하이델베르크

## 낭만적인 고성의 도시

# 차례
Contents

# 그 이름 '하이델베르크'

필자가 객원교수로 하이델베르크에 가 있었을 때 숙소는 임 노이엔하이머펠트에 있었다. 하이델베르크 역에서 에른스트 발쩌 다리를 지나 걸어가면 15분 거리였다. 숙소는 외과병원과 독일 암연구 센터, 동물원 그리고 대학의 식물원과도 멀지 않은 곳에 있었다.

더욱 좋았던 것은 그곳이 넥카강과도 아주 가까운 거리에 있다는 것이었다. 일찍 일어나 넥카강변을 따라 조깅을 할 수도 있었고, 종종 오후 시간에 강변으로 나가면 많은 사람들이 개를 데리고 나와 산책을 하는 모습도 볼 수 있었다. 강변에 그들만이 있었던 것은 아니다. 인라인 스케이트를 타는 청년들, 부부, 때로는 자녀를 사이에 두고 어머니와 아버지가 인라인 스케이트를 타고 아이의 손을 잡고 가는 모습도 보였다.

때로는 자전거를 타는 사람도 눈에 띄었고 오후시간을 이용해서 홀로, 혹은 몇몇씩 무리를 지어 조깅을 하기도 했다. 남녀노소 할 것 없이 옷을 땀으로 흠뻑 적시며 뛰어가는 모습을 보고, 나중에는 나도 그들을 따라 새벽시간 대신에 오후 시간에 조깅을 하였다. 강변을 따라 동물원 울타리 곁을 지나갔다. 강변 경사면에는 허리까지 오는 풀숲 속에 홀로 앉아 강물을 바라보며 독서를 하는 여학생도 보였다. '이런 곳에서 산다면 누가 시인이 되지 않고, 소설가가 되지 않겠는가'라는 생각도 해보았다.

베어슈텍, 나는 그 다리를 무척이나 사랑하였다. 베어슈텍은 배가 다니는 넥카강의 수위를 조절하기 위해서 만든 둑 위에 세워진 나무로 된 다리이다. 그 다리 위에서 떨어지는 물줄기를 바라보기도 하며 때로는 보트를 저어 내 쪽으로 다가오는 청년들을 쳐다보며, 대부분의 경우에는 그냥 허공을 향하여 기도하듯 노래를 부르곤 했다.

넥카비제는 또 어떤가? 노인들은 손을 잡고 산책하다 지치면 벤치에 앉아 풍경을 즐기고, 젊은이들은 넥카강 풀밭에서 벗을 수 있는 만큼 벗은 채 일광욕을 즐겼다. 그들이 옷을 벗기엔 4월이 벌써 늦은 계절이었다. 한쪽에서는 공을 차거나 자전거를 타기도 하고, 독서를 하기도 했다. 간간이 바비큐를 굽는 모습도 눈에 띄었다.

사시사철 푸른 풀밭, 그리고 '넥카비제'라고 하는 강변 풀밭의 가장자리에 늘어선 아름드리나무 카스타니에(영어로는 '마로니에'라고 함)는 사람들을 자꾸만 밖으로 끌어냈다. 그 무엇보다도 필자를 끌어당기는 것은 물오리들이었다. 먹다 남은 빵 조각을 부스러뜨려서 그들에게 주기 위해 다가갈 때면 마치 오리농장의 주인이라도 된 듯했다.

아침 시간에 필자는 독어독문학과와 컴퓨터언어학과가 있는 칼 광장까지 걸어갔다. 언제나 강변에 난 길을 따라 학교까지 걸어가고, 또 걸어서 돌아오곤 했다. 칼 광장까지는 45분이면 갈 수 있다.

칼 테오도르 다리를 건너 성령교회와 시장 광장을 거쳐 내 목적지로 갔다. 시장 광장에 장이 설 때면 그곳은 잠시 동안 내 학습장이자 놀이터가 되었다. 시청에서 결혼식을 올리고 시장 광장으로 걸어 나오는 신랑·신부의 모습은 나의 호기심의 대상이 되기에 충분했다.

거기서 비스마르크 광장까지 쭉 뻗은 하우프트슈트라세, 그 길에는 사람들이 왜 그리도 많을까? 그들의 대부분은 관광객이다. 연주를 하며, 공연을 하며, 그림을 그리며, 가끔은 남루한 옷차림으로 개를 데리고 길가에서 모자를 헌금주머니처럼 뒤집어놓고 동전을 기다리는 애교 있는 불청객들. 아니 그들은 불청객이 아니라 하이델베르크의 자격 있는 구성원들이다. 그리하여 산과 강, 고성(古城)과 관광객들은 어느 것이 먼저랄 것도 없이 각기 제 몫을 감당하며 어우러져 있었다.

토요일이면 종종 주말 티켓으로 여행을 하였다. 새벽 5시쯤 배낭을 메고 역으로 향하였다. 에른스트 발쩌 다리 밑의 강물은 사람들의 잠을 깨우지 않으려는 듯 조용히 흘러갔다. 자정을 전후하여 지친 몸으로 다시 그 다리를 건너 걸어서 숙소로 되돌아왔다. 돌아오는 길에 고성 쪽을 바라다보면 폐허의 모습은 생각조차 할 수 없고, 오히려 조명으로 환하게 치장한 고성이 온 하이델베르크를 밝혀주고 있었다. 이런 모습이 필자의 가슴속에 추억으로 간직된 하이델베르크이다.

하이델베르크를 상징하는 색깔은 검정과 노랑이다. 그래서 도시의 문장은 검은 바탕에 봉우리가 세 개인 푸른 산 위에 황금색 사자가 서 있는 모습이다. 특징적인 것은 이 사자가 붉은 색의 왕관을 쓰고, 붉은 색의 혀를 날름거리며 그 어떤 공격에도 지지 않으려는 듯 손톱과 발톱도 붉은 색으로 무장하고 있다는 것이다.

하이델베르크는 한때 러시아인의 도시로 간주되기도 했다. 부유한 러시아인들이 유럽여행 중에 이곳에 들렀으며, 휴양을 하고 유명의사의 진료를 받으러 일부러 찾아오기도 했다. 특히 1861년 가을에는 페테르스부르크 대학이 정치적인 소요로 폐쇄되어 있었기 때문에 러시아 대학생들이 이곳으로 몰려왔다.

19세기 말경에 하이델베르크는 '세계적인 동네(Weltdorf)'로 불렸다. 도시는 작지만 대학이 있고, 많은 외국인이 거주했기 때문이다. 이들이 고국으로 돌아가 하이델베르크를 칭찬했고,

그로 인해 외국인들이 더욱 몰려들었다. 그래서 18세기 중엽에 선제후가 선제후궁을 만하임으로 옮김으로써 쇠퇴해가던 도시가 다시 활기를 되찾기 시작했다. 쇠퇴해가던 도시가 다시 기사회생하여 활기를 되찾은 것을 가리켜 1900년에 생겨난 단어가 '하이델베르크 신화(Mytohs Heidelberg)'이다. 그 신화는 아직도 계속되고 있다.

## 하이델베르크에 대한 시와 노래

'넥카강의 진주' 하이델베르크의 이름은 1196년에 작성된 쇠나우 수도원의 문헌에 'heidelberch'로 처음 등장했다고 한다. 당시 그 도시명이 가리켰던 마을은 오늘날의 클링엔타이히탈로 추정하고 있으며, 그 후 점차 범위가 확장되어 도시 전체를 가리키게 되었다고 한다.

하이델베르크는 'Heidel(하이델)'과 'Berg(베르크)'라는 두 단어로 이루어진 합성어이다. '베르크'는 '산'이라는 뜻으로서 더 이상의 의문의 여지가 없지만, 문제는 '하이델'이다. '하이델'의 의미에 대한 몇 가지 설들이 있지만 가장 유력한 해석은 1602년에 하이델베르크에서 죽은 파울루스 멜리수스 쉐데(Paulus Melissus Schede, 1539~1602)라는 시인의 해석이다. '하이델'은 하이델베르크의 주변 숲에 많이 자라고 있었던 '하이델베렌(Heidelbeeren 월귤나무, 혹은 그 열매)'을 가리킨다. 따라서 '하이델베르크'는 '하이델(베렌)베르크'의 약식표현이라는

것이다.[1]

하이델베르크는 그 빼어난 자연경관으로 잘 알려져 있다. 구 도시 알트슈타트가 있는 쪽, 즉 고성이 위치하고 있는 쪽의 가이스베르크와 쾨니히슈툴이라는 산이 넥카강을 사이에 두고 그 산 허리에 필로조펜벡(철학자의 길)이 있는 하일리겐베르크라는 산과 마주보고 있다. 예나 지금이나 그 경관이 얼마나 아름다운지 그곳에 살았거나 다녀간 사람들의 찬사가 끊이지 않는다.

하이델베르크는 삶에 지친 영혼이 그곳에 가면 다시 힘을 얻는다는 곳이다. 크리스티안 프리드리히 다니엘 슈바르트(1773)는 "하이델베르크에서 다시 소생하지 못한다면 그는 죽어야 한다"라고 말했다. 요제프 빅토르 폰 쉐펠(1851)은 "하이델베르크는 기분 좋은 사람뿐만 아니라, 슬픈 사람에게도 좋은 장소이다. 초록의 넥카강 골짜기와 폐허가 된 성 그리고 평지를 바라보면 인간의 가슴속은 조용한 분위기로 젖어든다"라고 고백하였다.

1797년 "하이델베르크는 그 위치나 주변 환경으로 보아 이상적인 것(etwas Ideales)을 가졌다고 말해도 된다"라고 말한 바 있는 요한 볼프강 폰 괴테(1749~1832)도 그가 죽기 몇 주일 전 그의 연인 빌레머에게 보낸 편지에서 "하이델베르크를 다시 보게 된다는 것은 아주 경이로운 일임에 틀림없으며, 그것을 생각만 해도 나는 아주 야릇한 상태에 이르게 된다"라고 말하였다.

하이델베르크의 풍광이 얼마나 아름다웠으면 1829~1832년 사이에 하이델베르크에서 의학을 공부한 바 있는 하인리히 폰 호프만(1809~1894)이 "하이델베르크의 대학생들이 공부를 조금은 게을리한다고 하더라도 그를 엄하게 나무라서는 안 된다. 놀랄 만큼 아름다운 풍경, 온화한 공기, 숲, 골짜기, 강, 그 모두는 '이리 나오라. 책을 구석으로 던져버리고 우리에게로 오라'고 외치고 있다"라고 말했을까?

오토 하인리히 그라프 폰 뢰벤(1807)은 "나는 하이델베르크에 대해서 충분히 말할 수 없다는 말 밖에는 하이델베르크에 대해서 아무런 기술도 할 수 없다.……하이델베르크에 대해서는 묘사할 수가 없다. 다만 그 이름을 일컫고 침묵하여야 한다"고 말함으로써 역설적으로 하이델베르크의 아름다움을 전하고 있다.

하이델베르크는 봄·여름·가을·겨울 어느 계절에 보아도 아름다운 곳이다. 그래도 굳이 가장 아름다운 계절을 꼽아 보자면 언제일까? 칼 만하임(1809~1894)은 하이델베르크가 '봄과 가을의 도시'라고 하였고, 요제프 폰 아이헨도르프(1788~1857)는 "하이델베르크 자체가 화려한 낭만주의이다. 거기에서는 봄이 되면 가옥과 모든 익숙한 것들을 넝쿨과 꽃들이 휘감고 있다. 성과 숲은 마치 세상에는 평범한 것은 없기라도 한 것처럼 태곳적의 경이로운 동화를 얘기한다"고 노래한다.

베른트 빌레(1953)는 "하이델베르크의 봄을 우리는 묘사할 수가 없다. 단지 체험만 할 수 있을 뿐이다. 이 봄에는 그냥 말할 수 없는 어떤 것이 있다. 피 속의 유혹과도 같고, 그리움과도 같고, 욕망과도 같다. 하이델베르크의 봄은 모든 봄의 총량이다. 산길에는 황홀함이 절정을 이루고 있다. 사물들이 아주 복되게 분포되어 있다. 산, 평지, 성, 도시, 무엇보다도 산에서 평지로 흘러내리고 모든 빛이 모이는 넓은 강이 특히 그렇다.……나는 봄을 묘사할 수가 없다. 그 위대하심과 영광됨에 있어서 하나님을 묘사할 수 없듯이. 나는 하이델베르크의 봄을 묘사할 수가 없다"라고 하이델베르크의 봄이 지극히 아름다움을 찬양하였다.

필자가 보기에도 하이델베르크는 특히 봄이 아름다운 도시이다. 마주보고 있는 산허리에 있는 나무들의 새싹들이 보여주는 다양한 초록빛과 지천으로 피어나는 꽃의 아름다움은 정말 말로 다 형용할 수 없는 도시이다.

클레멘스 폰 브렌타노(1804)는 동료 작가 아르님에게 보내는 편지에서 "오라, 이 아름다운 땅으로 오라. 여기는 아름답구나! 서둘러 오라. 여기 있는 모든 나무들이 꽃을 다 피워버리기 전에 서둘러 오라"라고 아르님의 걸음을 재촉함과 같이 지금 독자들을 재촉하고 있다. 독자들도 하이델베르크를 방문하여 마크 트웨인(1878)이 평가한 것처럼 "있을 수 있는 미의 마지막 단계"이자, 에른스트 윙어의 고백처럼 "그곳을 위하여 피 흘리고 죽을만한 가치가 있는 아름다운 땅"을 봄으로써 게르하르트 하우프트만(1928)처럼 "현존재 안으로 걸어 들어온 가장 아름다운 어떤 체험"을 하길 바란다.

필자가 이 책을 쓰는 것도 어느새 헤르만 폰 헬름홀쯔의 고백처럼 "하이델베르크에 대한 사랑이 내 영혼의 일부가 되어 버렸기 때문이다."

# 하이델베르크를 사랑한 사람들

하이델베르크 출신으로 유명한 인물들을 꼽는다면 역대의 팔쯔 선제후들을 언급할 수 있을 것이다. 그러나 그들은 다음 장에서 그들의 치적과 관련하여 언급될 것이다.

그러고 나면 정치인 중에서 가장 유명한 사람은 프리드리히 에베르트(1871~1925)이다. 그는 바이마르 공화국의 초대 대통령(1919~1925)이었다. 최근의 인물로는 유명한 테니스 스타인 보리스 베커를 들 수 있다. 그는 라이멘이라는 하이델베르크 인근 마을 출신이긴 하지만 하이델베르크에 있는 헬름홀쯔 김나지움(Gymnasium)을 졸업했다.

하이델베르크가 어떤 도시인가를 보여주기 위해서는 하이델베르크 출신의 인물을 언급하기보다는 하이델베르크와 연관을 맺은 인물을 언급하는 것이 더 좋을 것이다. 하이델베르크는 독일에서 가장 먼저 대학이 세워진 곳일 뿐만 아니라, 경치가 빼어난 곳이기 때문에 인연을 맺은 인물들이 많다.

시대 순으로 우선 작가들부터 살펴본다면, 고트쉐드가 일찍이 독일시학의 아버지라고 부른 바 있는 마르틴 오피쯔(1597~1639)는 1619~1620년 사이에 하이델베르크에 살았다. 하이델베르크와 관련하여 그는 「늑대의 우물 *Wolfsbrunnen*」이라는 시를 남겼다. 아울러 「어떤 산에서 *An einem gewissen Berg*」라는 시에서 쾨니히슈툴을 "파르나소(아폴로 및 뮤즈의 신들이 산다고 하는 그리스 중부의 산 – 저자주)와도 같이 두 개의 봉우리를 가진 푸른 산"으로 묘사하고, "그 산과 높은 바위 곁에 영원히 고요하게 머물고 싶고, 산의 열락을 고독하게 소유하고 싶다"고 노래하였다.

하노버 출신의 연극비평가로서 독일 예절학의 아버지로 불리우는 아돌프 프라이헤르 폰 크니게(1752~1796)는 그의 대표적인 저서 『사람들과의 교제에 대하여 *Über den Umgang mit Menschen*』(1788)를 하이델베르크에서 썼다.

요한 볼프강 폰 괴테도 1775년에서 1815년 사이에 하이델베르크를 8번이나 방문한 것으로 기록되어 있다. 그는 특히 줄피쯔 부아세레와 멜시오르 부아세레 형제의 초청으로 1814년과 1815년에 하이델베르크를 방문한 적이 있다. 칼 광장 가에 있는 이 건물(하우프트슈트라세 207-209번지)은 현재 대학 독어독문학과의 건물로 사용되고 있다. 괴테의 방문 사실이

13

이 건물의 외벽에 동판으로 기록되어 있다. 특히 1815년 9월 23일에서 26일 사이에 마리안네 폰 빌레머(1784~1860)와 연인으로 만나면서 쓴 몇 편의 시는 『서동시집 *West-östlicher Divan*』에 포함되어 있다.

빌레머도 1824년 괴테의 75회 생일을 즈음하여 「하이델베르크 성 *Der Heidelberger Schloß*」이라는 시를 바쳤다. 그녀는 1815년 9월 23일과 26일 사이에 하이델베르크를 방문하여 괴테와 함께 산책했던 고성의 정원을 연상하면서 "여기서 나는 행복했으며, 사랑했고 사랑받았노라"라고 술회하였다.

프리드리히 횔더린(1770~1845)도 하이델베르크를 여행하기도 했고, 잠시 머물기도 했다. 칼 테오도르 다리(즉, 구 다리)가 건축된 해인 1788년에 처음으로 체류하게 되었는데, 1800년 여름에는 「하이델베르크」라는 송시를 지었다. 이 시는 하이델베르크를 노래한 시 중에서 가장 대표적인 시로 꼽힌다.


오래 전부터 난 그대를 사랑하고 있노라.
기꺼이 그대를 어머니라 부르며 꾸밈없는 노래를 바치고
싶노라.
그대, 내가 아는 한
조국의 가장 아름다운 도시여.
숲의 새가 산정(山頂)을 넘어 날듯
그대 곁을 지나 반짝이며 흘러가는 강물 위로
마차와 사람소리 울려오는 다리는

가볍고 힘차게 날아오른다.

……(하략).


    하이델베르크 낭만주의의 대표적 작가인 클레멘스 브렌타노(1788~1842), 루트비히 요아힘 폰 아르님(1781~1831)과 요제프 폰 괴레스(1776~1848)는 하이델베르크 출신은 아니나, 1805년을 중심으로 '하이델베르크 낭만주의'를 형성하였다. 이들은 민족의식에 대한 자부심으로 자연과 고향을 노래하였으며, 민요와 동화를 수집하였다. 아르님과 브렌타노는 민요를 수집하여 1806년에『소년의 마적 Des Knaben Wunder- horn』을 출간하였다. 그리고 같은 해에 발표한「어느 대학생의 하이델베르크 도착과 다리 위에서의 그의 꿈의 노래 Lied von eines Studenten Ankunft in Heidelberg und seinem Traum auf der Bü cke」라는 장문으로 된 시의 한 대목은 하이델베르크의 고성, 산, 강 그리고 다리의 어우러짐을 잘 표현하고 있다.

    (상략)……
그리고 내가 다리를 바라보았을 때
나는 넥카강이 큰 소리를 내며 흐르는 것을 들었다.
달은 환하게 성문 안으로 비추이고
육중한 다리는 분명하게 모습을 드러냈다.
그리고 저 뒤의 푸른 산에는!
나는 아직 나의 숙소로 들어가지 않았다.

달과 산과 강물 소리가

아직도 나를 다리 위로 유혹해 낸다.

그때 세상은 아주 맑고 깊이 가라 앉아 있고,

별들은 하늘 높이 떠서 지붕을 이루고 있는데,

성은 진지하게 생각하듯 바라보고 있다.

그리고 골짜기는 어둡고 조용하게 문을 닫고,

강은 바위를 돌아 요란하게 흘러간다.

……(하략).


요제프 폰 아이헨도르프(1788~1857)도 1807년 5월부터 1808년 5월까지 하이델베르크에 살았다. 그는 법학도였으나 하이델베르크에서 시인으로 발전하게 되는 결정적 계기를 맞았다. 프리드리히 헵벨(1813~1863)도 1836년 여름에 하이델베르크로 왔다. 그는 당시 단지 청강생일 뿐이었으나, 여기서 30여 편의 시를 썼다. 우리는 하이델베르크를 이야기할 때 요제프 빅토르 쉐펠(1826~1886)을 빠뜨릴 수 없다. 그가 1854년에 쓴 「그대 우아한 구 하이델베르크여 *Alt-Heidelberg, du feine*」라는 시에다 1861년 시몬 안톤 찜머만이 곡을 붙인 힘차고 흥겨운 이 노래는 하이델베르크를 찬양하는 대표적인 노래로써 가사는 다음과 같다.


그대 우아한 구 하이델베르크여

그대 영광에 가득 찬 도시여

넥카강과 라인강에서는
그대에 견줄만한 도시가 없구나
지혜와 술이 넘쳐나는
즐거운 무리들의 도시여
강물은 맑게 흘러가는데
벽안의 친구들이 그 속에 비치누나

하이델베르크 성의 정원에 그의 이름에 따라 부르는 쉐펠 테라세에는 1891년 이래로 그의 동상이 있다. 그는 1886년 죽은 직후 하이델베르크 명예시민이 되었다.

『녹색의 하인리히 *Der grüne Heinrich*』를 쓴 시민적 사실주의 작가 고트프리트 켈러(1819~1890)도 1848~1850년 사이에 하이델베르크에서 역사, 철학, 문학을 공부하였다.

마크 트웨인(1835~1910)은 1878년 5월 초 유럽을 여행하는 중에 하이델베르크에서 몇 주간 머물렀다. 이 도시와 그 주변 도시의 아름다움을 찬양하는 그의 여행기가 하이델베르크 대학생들의 생활을 자세히 묘사하고 있다. 특히 일설에는 그의 소설 『허클베리핀의 모험』(1884)의 제목을 바로 도시 '하이델베르크'에서 따왔다고 한다. '하이델베레'를 영어로 옮기면 '허클베리'인 것이다. 제2차세계대전 이후에 하이델베르크 남쪽에 미군 직원을 위한 신거주지가 생겨났는데, 이 작가의 이름을 따서 '마크 트웨인 마을(Mark Twain Village)'이라고 부른다.

프리드리히 군돌프, 원명 레오폴드 군델핑어(1880~1931)는 1900년 여름학기에 하이델베르크에서 공부하였으며, 1911년 박사학위를 받았고, 1917~1931년까지 문예학교수를 역임하였다. 당시 군돌프가 얼마나 유명하였는지, 많은 관광객들이 관광 중에 그의 강의를 청강하곤 했다고 한다. 그래서 그는 농담으로 "대학이 나를 위하여 강의세를 받아야 할 거다"라고 말했다고 한다. 대학 신관 노이에 우니 현관 위에 붙어 있는 팔라스 아테나 여신상 밑에 써 있는 '살아있는 정신에게(dem lebendigen Geist)'라는 말은 그의 말을 따온 것이다.

오스트리아 빈 태생의 유대계 작가로서 아우슈비츠 수용소에서 죽어야만 했던 프릿쯔 뢰너 베다(1883~1942)는 대학생들에게 애송되는 「난 하이델베르크에서 심장을 잃었다네 *Ich hab mein Herz in Heidelberg verloren*」라는 우리의 심금을 울리는 노랫말을 남겼다.

> 스무 살쯤 되었을 적 어느 날 밤,
> 난 붉은 입술과 황금 금발에 입을 맞추었지.
> 푸르고 복된 밤, 넥카강은 은빛으로 맑고
> 그때 난 알았었지.
> 내게 무슨 일이 일어났는지를
>
> 난 하이델베르크에서 심장을 잃었다네
> 부드러운 여름날 밤

난 온통 사랑에 빠져 있었고

그녀의 입술은 귀여운 장미꽃같이 미소지었지.

성문 앞에서 우리 이별할 제

마지막 이별의 입맞춤에 그걸 분명히 알게 되었다네.

난 하이델베르크에서 심장을 잃었다네.

내 심장은 넥카강변에서 아직도 뛰고 있다네.

게오르크 루카치(1885~1971)도 1912~1918년에 하이델베르크에서 살았다. 그를 하이델베르크로 오도록 설득한 이는 에른스트 블로흐이다. 루카치는 하이델베르크에서 사는 동안 그의 주저 『소설의 이론 *Theorie des Romans*』을 썼다. 리케르트, 라스크, 막스 베버와 친교를 나누었으며, 1918년 헝가리로 되돌아가서 공산당에 가입하였다. 그는 여행을 떠나 있을 동안 원고가 든 가방을 하이델베르크 은행 금고에 보관하였다. 그것은 그가 죽은 지 2년 뒤인 1973년에 우연히 발견되었다고 한다.

하이델베르크에 살지는 않았지만 하이델베르크를 전 세계에 알린 사람 중의 한 사람은 빌헬름 마이어 푀르스터(Wilhelm Meyer-Förster, 1862~1934)이다. 그는 1925년 하이델베르크 명예시민이 되었는데, 1901년에 베를린에서 초연된 연극 「황태자의 첫 사랑 The Student Prince in Heidelberg」이 대성공을 거두었기 때문이다. 이 연극의 무수한 개작이 1974년 이래로 해마다 고성 축제극(Schloßfestspiele)에서 공연된다. 22개 언어로 번역되었으며, 미군 사령관 윌리엄 베더린던(William A. Beiderlinden)도 이 연극을 보고 하이델베르크에 대한 사랑이 불타올라 제2차세계대전 당시 이 도시가 파괴되는 것을 막았다는 일화가 전해진다.

하이델베르크 성에서 공연되는 여름 축제극의 창시자 칼 쭈크 마이어(1896~1977)는 1919~1920년 하이델베르크에서 철학을 전공하였다. 그는 1926년에 고성에서 여름 축제극을 처음으로 공연하였고 1929년에는 1926년에 창건한 축제극으로 극작가 상을 수상했다. 루돌프 칼 골트슈밋 옌트너(1890~1964)는 1926년 성에서 오스트리아 잘츠부르크의 축제극에 비견되는 하이델베르크 축제극에 생기를 불어 넣었다.

1816년 10월 28일 시작한 강의에서 "진리의 용기, 즉 정신의 힘에 대한 믿음이 철학의 첫 번째 조건이다. 인간은 정신이기 때문에 최고의 것으로 존경받아도 되며, 존경받아야 한다. 인간정신은 위대성과 그 힘에 대해서는 아무리 생각해도 충분히 생각할 수가 없다"라고 말한 유명한 철학자 게오르크 빌헬름 프리드리히 헤겔(1770~1831)도 1816~1818년 사이에 철학과 교수를 역임하였다.

칼 야스퍼스(1885~1969)는 1901~1902년 사이에 법학도로 대학에 재학 중이었다. 잠시 고국에 돌아갔던 그는 1906년 의학공부를 끝내기 위해 하이델베르크로 되돌아왔다. 후에 하이델베르크 대학에서 정신과 의사로 근무하다 1922년 철학과 교수직을 받았다. 1937년 나치의 탄압으로 교수직을 그만두게

됐으며, 1943년에는 그의 책이 출판금지를 당하기도 했다. 1945년에 해방된 후에 13인 위원회에서 대학신축에 영향력을 끼친 바 있다.

철학자 에른스트 블로흐(1885~1977)는 1911~1917년 사이에 하이델베르크에 살았다. 이 시기에 『유토피아의 정신 *Geist der Utopie*』을 썼다. 루카치를 설득하여 하이델베르크로 오도록 한 것도 그였다. 칼 쭈커마이어는 "블로흐와 나는 철학자의 길을 산책하면서 서로 검토했다"고 그와의 정신적 교류를 고백하고 있다.

다음으로는 한스 게오르크 가다머(1900~2002)를 들 수 있다. 그는 1949년 칼 야스퍼스의 후계자로 하이델베르크로 왔다. 그의 관심 분야는 언어이해였다.

신학자 루트비히 안드레아스 포이에르바하(1804~1872)도 1823~1824년 하이델베르크에서 공부하였으며, 정신분석학자 에리히 프롬(1900~1980)도 1919년부터 하이델베르크에서 사회학, 심리학, 철학을 전공하였다. 실험심리학의 창시자 중의 한 사람인 빌헬름 분트(1858~1874)도 하이델베르크에서 교수로 활동하였다.

『기독교 윤리와 자본주의 정신』을 쓴 경제학자 막스 베버(1864~1920)와 『하이델베르크의 정신 *Geist Heidelberg*』을 쓴 그의 동생 알프레트 베버(1868~1958)는 하이델베르크 대학 교수였다.

자연과학자로서는 하이델베르크 대학에 재직하다 노벨상을

수상한 여덟 명의 학자를 제외하더라도 헤르만 폰 헬름홀쯔 (1858~1871)와 로베르트 빌헬름 분젠(1811~1899)을 빼놓을 수 없다.

생존 인물 중에서도 하이델베르크와 인연을 맺은 유명인이 있다. 그는 바로 하이델베르크 인근 루트비히스하펜이라는 도시에서 태어난 독일 통일의 수상 헬무트 콜(1930~)이다. 하이델베르크에서 대학을 다녔고, 1956~1958년 사이에 하이델베르크의 대학 알프레트 베버 연구소에서 연구원으로 근무하면서 박사학위를 받았다.

특히 하이델베르크를 사랑한 유명한 외국인으로는 1886년 2월 하이델베르크로 와서 8월까지 약 6개월 동안 베커 교수 밑에서 안과의학을 공부한 뒤, 베를린과 겐트에 머물다 1892년 고국으로 돌아가 비폭력적으로 독립운동을 하다 처형된 필리핀의 국민영웅 호세 리잘을 언급해야 한다.

# 하이델베르크와 팔쯔 선제후국

## 호모 하이델베르겐시스

하이델베르크에 사람이 거주하기 시작한 것은 유사이전의 시대부터이다. 1907년 10월 21일 하이델베르크에서 남동쪽으로 10km쯤 떨어진 마우어라는 도시에서 유인원의 아래턱뼈가 발견되었다. 이듬해 하이델베르크 대학의 사강사(Privatdozent)였던 오토 쇠텐작(Otto Schoetensack, 1850~1912)에 의하여 '호모 하이델베르겐시스'라고 명명된 그 유인원이 500,000~600,000년 이전의 시대로 거슬러 올라간다는 사실을 제쳐두고서라도, 이미 기원전 800년경에는 켈트족이 하일리겐베르크에 성을 구축하였고, 후에 로마인들이 넥카강 건너에 요새와 다리를 만들었다. 3세기경에는 알레만족이 로마인들의 주거지를 멸망시켰고, 6세기에는 노이엔하임과 베르크하임에 프랑켄족의 마을이 생겨났다고 한다.

하이델베르크는 1996년에 도시창건 800주년 기념행사를 치렀다. 그러니까 도시의 기원을 쇠나우 수도원의 문서에 '하이델베르크'라는 이름이 처음 등장한 해인 1196년으로 본 것이다. 그래서 하이델베르크의 역사 기술도 이때를 즈음하여서부터 시작된다.

## 비텔스바흐 가문과 팔쯔 선제후국(Kurpfalz)

슈타우펜가의 프리드리히 바바로사 황제는 1155년 그의 이복형제 콘라트에게 팔쯔 백작위를 주었다. 콘라트는 1195년에 죽었고, 쇠나우 수도원에 안장되었다. 이 때문에 1196년 쇠나우 수도원 문서에 하이델베르크라는 지명이 등장하게 된다. 콘라트는 아들들이 먼저 죽어 후사가 없었기 때문에 팔쯔 백작령은 그의 딸 아그네스를 거쳐서 그녀의 사위인 벨펜 가의 하인리히 사자공의 아들인 하인리히 1세에게 상속되었고, 그는 다시 그의 아들 하인리히 2세에게 팔쯔 지역을 상속하였다. 이리하여 1195년부터 1214년까지 19년간 벨펜 가가 팔쯔 지역을 통치함으로써 벨펜 가의 문장인 사자문장이 팔쯔에 들어오게 되었다.

한편 슈타우펜 가와 벨펜 가는 적대관계였다. 프리드리히 바바로사가 이탈리아 원정(1174~1177)을 갈 때에 벨펜 가의 하인리히 사자공에게 도움을 요청했으나 거절당했기 때문이다. 그래서 바바로사는 1176년 하인리히 사자공을 바이에른 지역에서 추방하고 그 지역을 비텔스바흐 가문의 오토 1세(1117~1183)에게 봉토로 주었다.

오토 1세의 아들 루트비히 켈하이머(1174~1231)는 슈타우펜 가에 충성을 맹세하고 라인 지역의 팔쯔 백작령을 추가로 봉토로 받게 되었다. 이리하여 비텔스바흐 가문은 바이에른과 팔쯔를 모두 통치하였다. 루트비히 2세(1229~1294)까지는 한 사람이 바이에른과 팔쯔를 모두 통치했으나, 루트비히 2세가 죽자 그의 두 아들 루돌프(1274~1319)와 루트비히(1282~1347)가 상속다툼을 하게 되었다. 동생인 루트비히가 결국 이 싸움에서 이겨서 형 루돌프는 망명을 가야했고, 1319년 타지에서 죽음을 맞이했다. 1329년 형이 죽은지 10년이 지나 바이에른의 황제 루트비히는 형의 아들과 화해하고 팔쯔 지역을 그들에게 주었다. 이때부터 비텔스바흐 가문이 팔쯔 지역의 루돌프계와 바이에른 지역의 루트비히계로 갈라지게 되었다.

이리하여 팔쯔 지역은 하이델베르크의 루돌프 2세(1329~1353)가 통치하게 되었다. 1356년 칼 4세가 내린 황금칙서에 의하면 독일의 왕은 왕을 선출할 권한이 있는 제후, 즉 선제후들이 모여서 선출하도록 하였다. 그런데 황금칙서에는 비텔스바흐의 양 가문 중에서 팔쯔계의 비텔스바흐 가문에만 선제후권을 주었다. 이리하여 라인강 지역의 팔쯔 영지가 선제후국으로 격상되어 팔쯔 선제후국이 탄생하게 되었다.

## 무너진 하이델베르크 성 : 팔쯔 상속전쟁과 천도

관광객들이 하이델베르크 고성을 방문하게 되면 '도대체 이 성이 언제 이렇게 무너지게 되었을까?'라는 궁금증을 가지게 된다. 그에 대한 정답은 팔쯔 상속전쟁(1688~1697) 중인 1693년에 프랑스의 멜락 장군이 이끄는 군대가 폭파하였다는 것이다. 그렇다면 팔쯔 상속전쟁이란 무엇이며, 그것이 일어난 원인은 무엇인가?

팔쯔 선제후 칼 루트비히(1649~1680)는 안보 외교적 이유에서 프랑스와 좋은 관계를 유지하려고 노력했다. 그는 혼인 정책을 이용하여 그녀의 딸 엘리자벳 샤를롯데(일명 리제롯데 폰 데어 팔쯔)를 프랑스 루이 14세의 동생과 결혼시켰다. 1685년 칼 루트비히의 아들 칼 2세(1680~1685)가 후사가 없이 죽자 뒤셀도르프에 궁을 두고 그 지역을 다스리던 가톨릭계의 비텔스바흐 가문인 팔쯔 노이부르크계의 필립 빌헬름(1685~1690)이 팔쯔를 상속하였다. 그러자 느닷없이 루이 14세가 칼 루트비히의 딸 리제롯데가 자신의 동생과 결혼한 관계임을 이유로 팔쯔의 상속권을 요구했다. 이것을 필립 빌헬름이 거절하자 전쟁이 일어났다. 팔쯔 상속전쟁이라고도 하고, 흔히 오를레앙의 전쟁이라고도 하는 이 전쟁으로 1차적으로는 1689년에, 그 다음으로 1693년에 도시와 성이 대파되었다. 이후

성은 복구의 기회를 갖지 못하였다. 필립 빌헬름은 물론, 그의 후계자 요한 빌헬름도 선제후궁을 여전히 뒤셀도르프에 두고 있었기 때문이다. 게다가 요한 빌헬름을 뒤이은 칼 필립 3세는 성을 일부 복구하여 1718년 하이델베르크로 제후궁을 옮겼으나, 곧 이어 1719년 만하임을 수도로 선언하고 1720년에는 만하임으로 선제후궁을 옮겨버렸기 때문이다.

더군다나 칼 필립 3세를 뒤이은 칼 테오도르는 바에이른의 비텔스바흐계가 후계자가 없자 파비아 집안조약(Hausvertrag von Pabia)에 따라 바이에른 지역까지 떠맡게 되었고, 마침내 1777년 12월 31일 만하임에서 뮌헨으로 선제후궁을 옮겨가야만 했다.

# 다시 자연이 되어버린 고성(Schloß Heidelberg)

우리가 하이델베르크를 얘기할 때 고성을 빼고는 얘기할 수가 없다. 그렇다면 고성의 무엇이 그토록 매력적이란 말인가? 우리가 막상 고성에 가까이 다가서면 건물의 웅장함이 특별히 빼어난 것도 아니다. 역사가 아주 오래이거나 보존상태가 우수한 것도 아니다. 아마도 이런 점을 기대하고 고성에 간 사람은 다소 실망할지도 모른다.

그런데 하이델베르크 고성은 수세기에 걸쳐 여러 선제후들에 의하여 건물이 증축되어 가는 역사뿐만 아니라, 전쟁과 방치로 인한 파괴의 역사를 동시에 가지고 있다. 30년 전쟁(1618~1648)과 팔쯔 상속전쟁으로 성은 폐허가 되었다. 팔쯔 상속전쟁은 특히 치명적이었다. 상속전쟁 이후에 성을 복구할 계획이 있었다고 한다. 하지만 이러한 계획은 1720년 칼 필립 3세가 선제후궁을 만하임으로 옮겨버림으로써 물거품이 되었다. 게다가 1764년에는 번개에 의해 화재가 발생하여 1700년경에 일부 복구한 것마저 모두 소실되어, 더 이상 사람이 살수 없는 폐허성이 되고 말았다. 그 후 파괴자와 약탈자들이 성의 황폐화를 더욱 앞당겼다.

성의 폐허화가 2세기 이상이나 지속되었는데, 이는 전쟁도 전쟁이려니와 선제후궁으로서의 기능상실이 주된 이유라고 할 수 있다. 1803년 하이델베르크가 바덴 대공에게 넘어감으로써 더욱 어렵게 되었다. 그러니까 1800년경을 중심으로 고성은 '기능공백 상태(funktionales Vakuum)'에 놓이게 되었다.

그런데 역설적으로 이 기능공백과 폐허상태가 오히려 고성의 미학적·예술적 가치와 역사적 위엄을 높이는 계기가 되었다.[2] 오히려 폐허가 됨으로써 주변 환경과 잘 어울리게 되었고, 미학적 가치가 증가했다. 전에는 자연과 인공물이 이질적 형태의 혼합을 이루었으나 폐허상태에서 이런 모순이 완화되고 조화롭게 되었다. 그래서 오늘날 하이델베르크 고성을 생각하면 인공과 자연의 조화를 떠올리게 된다.

폐허의 매력을 새로이 발견하고, 그것에 대한 열광이 점차 증가하여 하이델베르크 시와 고성은 1800년경에 시(詩)와 조형예술의 주된 대상이 되었다. 바로 낭만주의 시인과 예술가들이 자연 풍경 속에 들어앉아 있는 도시와 폐허성의 상태로 인하여 고무되었다. 이와 같이 자연과 물질화된 역사 간의 경계가 무너진 것을 하이델베르크의 특별한 매력으로 간주하는 무수한 문학 작품과 미술 작품이 생겨났다.

다른 어느 곳도 자연미가 시대 역사성과 그토록 자연스럽게 결부되어 나타나는 장소는 없었다. 하이델베르크에서는 언젠가 위대했던 성의 모습이 폐허가 되어 오히려 자연과 조화를 잘 이룸으로써 역사 자체가 다시 자연이 되었다. 그래서 이 도시는 열광적 시인 요제프 폰 아이헨도르프가 "하이델베르크 자체가 화려한 낭만주의이다"라고 고백할 만큼 낭만주의의 일반 개념이 되어버렸다.

자연과 인위의 역사가 동시에 모방할 수 없는 구체적 통일성을 이루고 있다. 역사적이며 인위적인 고성이 부드럽게 지배하며 모든 것을 포괄하며, 자연에 이입된 것이다. 낭만주의자들이 장소의 역사적 의미와 결부된 하이델베르크 풍경의 자연미를 인식하고 창조적으로 재생산한 것은 1800년경 하이델베르크를 살아있는 문화풍경으로 체험하고 하이델베르크의 낭만주의를 가장 먼저 발견한 작가와 예술가 세대의 공적이었다.

켈러의 경우는 낭만주의를 생각하는 것이 그의 자연체험의 열쇠가 되었다. 하이델베르크 낭만주의를 창건한 시인들은 1804~1808년까지 하이델베르크에 살았다.

하이델베르크 신화는 그 수려한 자연환경 때문이기도 하지만 폐허로 남아 있는 고성이 있기에 하이델베르크의 진가가 나타난다. 혹자는 고성에 대해서 '다시 자연이 되어버렸다'고 말한다. 고성이 폐허성이 되어 주변 미관을 해치는 것이 아니

라 오히려 주변 환경과 완벽한 어울림을 보여준다는 것을 표
현한 것이 아닐까?

## 고성 내 건축물들

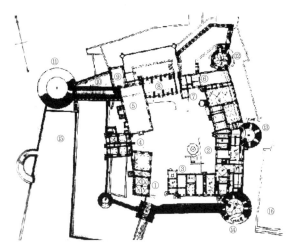

하이델베르크 고성 내 건물 배치도.
① 루프레히트관 ② 루트비히관 ③ 군인관 ④ 도서관 ⑤ 부인실관 ⑥ 유리관
⑦ 오트하인리히관 ⑧ 프리드리히관 ⑨ 술통관 ⑩ 영국관 ⑪ 두꺼운 탑 ⑫ 종탑
⑬ 약사탑 ⑭ 화약탑 ⑮ 대포 정원 ⑯고성 정원

### 루프레히트관(Ruprechtsbau)

성 내에 있는 건물 중에서 가장 먼저 지어진 건물은 루프레
히트관이다. 선제후 루프레히트 3세(1398~1410)가 독일 왕이
된 것을 기념하여, 1400년경에 지은 것으로 추정된다. 팔쯔

선제후로서는 루프레히트 3세이지만 독일 왕으로서는 루프레히트 1세(1400~1410)이다.

이 건물의 위층 전면을 보면 팔쯔의 사자 문장과 바이에른의 마름모꼴 문장과 함께, 왕을 상징하는 독일제국 독수리 문장이 새겨져 있다. 그런데 이 독수리 문장이 프랑크푸르트 에쉔하이머 성문에 새겨져 있는 독수리문장과 아주 흡사하여, 역사학자들은 이 문장을 건축가 마데른 게르트너가 만든 것으로 추정한다.

고딕식 현관문 정수리 위치에 장미화환을 들고 있는 두 천사 부조가 있다. 일명 '천사문장(Engelswappen)'이라고 부르는데, 이것의 의미를 놓고 그 해석이 분분하다. 일설로는 건축 당시에 비계에서 떨어져 사고를 당한 건축가의 두 자녀가 죽은 후에 자꾸 건축가의 꿈에 나타나서 추모상을 새겼다는 이야기가 있다. 이 전설은 죠지 타일러의 소설 『클뤼티아 *Klytia*』에 재현되고 있으며, 하이델베르크에서 교회사를 전공한 적이 있는 게르트루트 폰 레 포르트는 그의 소설 『천사의 화환 *Der Kranz der Engel*』의 제목을 여기서 따왔다고 한다.

천사 부조에 대한 다른 해석으로는 건축가가 속해있었던 슈트라스부르크의 건축가 조합을 의미한다는 설도 있고, 당시의 마리아 숭배사상을 표현하는 것으로도 해석한다고 한다.[3)]

### 루트비히관(Ludwigsbau)
1524년 루프레히트관과 마주하여 동쪽에 성의 두 번째 건물이 세워졌다. 선제후 루트비히 5세(1508~1544)가 로렌쯔 레힐러에게 부탁하여 지은 건물이다. 건축사가들은 루트비히관이 원래 3층이었고, 길이는 현재의 두 배로 더 길었을 것으로 추정하며, 나중에 오트하인리히관을 지으면서 북쪽 부분이 희생되었을 것으로 본다.

계단이 나 있는 탑의 아래쪽에 문장이 있다. 팔쯔 선제후 문장의 세 가지 요소가 새겨져 있다. 즉, 팔쯔 가를 상징하는 사자, 비텔스바흐 가를 상징하는 마름모꼴 그리고 성직자 대리인 간판(Vikatriatsschild)이 있다. 그리고 그 아래에 원숭이 두 마리가 새겨져 있다. 그 원숭이들이 목에 올가미를 걸고 서로 겨루고 있다. 이것은 육체 단련을 위한 중세의 놀이를 상징하는데, 제일 위층에 살고 있었던 왕자와 손자들을 겨루기에 능하도록 고무시키기 위함이었던 것으로 추정한다. 1764년 번개로 화재가 난 다음부터 루트비히관은 폐허가 되었다.

선제후 루트비히 5세는 성 내에 가장 건축을 많이 한 제후이다. 1525년 성을 지키는 군인들이 거주하고, 도살장, 세탁소, 부엌, 빵 굽는 곳, 창고 등이 있는 '군인관과 분수홀 및 경제관(Solatenbau, Brunnenhalle und Ökonomiegebäude)'을 짓고, 루프레히트관과 부인실관 사이에 후기 고딕식으로 '도서관(Bibliotheksbau, 1520~1544)'을 지었다. 이 건물은 위쪽에 나 있는 돌출창이 아름다우며, 16세기 성 건축물 중에서는 유일하게 상부 층까지 돌로 아치형으로 만들어 놓았다

1534년에 지은 것으로 추정되는 '부인실관(Frauenzimmerbau)'은

궁정 여자들의 방이 위층에 있으므로 그렇게 부른다. 1층에는 사교 축제장과 무도장, 지하는 포도주 저장창고이다. 30년 전쟁과 팔쯔 상속전쟁 당시 1층을 제외하고 모두 불타버려서 칼 테오도르가 임시로 현재의 지붕을 얹었다. 왕실은 하이델베르크 시가 1933년 현대적인 축제홀로 개조하여 사용하고 있다.

성의 서쪽에 '대포 정원'이라 불리는 곳도 선제후 루트비히 5세가 만들었다. 이곳은 원래 대포를 설치하기 위한 장소였으나 프리드리히 5세 때부터 정원으로 변형되어 사용되고 있다. 그래도 이름을 통해 원래의 기능을 짐작해볼 수 있다. 독일어 'Stücke'라는 단어의 뜻이 여기에 쌓아 두었던 '대포(Kanonen)'를 의미한다고 한다.[4]

## 유리관(Gläserner Saalbau)

프리드리히 2세(재위 1544~1556) 때인 1549~1555년 사이에 건축하였다. 건축가는 한스 엥엘하르트이다. 성 내에 있는 이태리 르네상스 양식으로는 첫 번째 건물이다. 특히 아치형의 전면을 통해 르네상스 양식이 잘 드러나 있다. 이것은 성의 마당에서 이루어지는 경기를 선제후나 초대받은 손님들이 잘 볼 수 있도록 하기 위한 것이었다고 한다. 3층의 방이 베네치아 거울로 장식되었기에 유리관이라 부른다. 1층의 가운데 기둥 바로 위에는 팔쯔의 사자, 비텔스바흐 가문의 마름모꼴 장식, 그리고 팔쯔의 위엄을 나타내는 제국사과가 새겨진 장식이 있다. 성의 마당으로 툭 튀어나온 해시계가 있는 부분은 지붕 합각(合閣) 장식이 많은 것이 특징이다. 오토하인리히관에 의하여 동쪽 일부가 가려져 있다. 이 건축물을 지을 때 오트하인리하관이 설계되었음을 추측케 한다. 이 건물의 뒤쪽은 17세기에 개축되었다.

## 오트하인리히관(Ottheinrichsbau)

독일 초기 르네상스 건축물 중에서 가장 아름다운 건물로 꼽히는 것이다. 고성 내에 있는 건물 중 가장 큰 건물이기도 하다. 선제후 오토 혹은 오트 하인리히가 짓기 시작하였다. 1556~1560년 사이에 지었으나 어떤 건축가가 지었는지는 확실치 않다. 내부에 계단이 없는 것도 특징 중의 하나이다. 건물의 전면에는 여러 조각상들이 배치되어 있는데, 이는 알렉산더 콜린의 작품이다. 이들은 인문주의 교양과 기독교적 미덕을 표현한다. 현관에는 팔쯔 문장과 선제후의 흉상이 있다.

### 오트하인리히관 전면의 조각상 배치도

| 층 | 주제 | 인물상(좌→우 순서) |
|---|---|---|
| 지붕 | 위성과 요일신 우주적 힘 | 솔(태양), 쥬피터(목성) |
| 3층 | | 사투른(토성), 마르스(화성), 비너스(금성), 메르쿠르(수성), 루나(달) |
| 2층 | 기독교 통치자의 미덕 | 힘, 믿음, 사랑, 소망, 정의 |
| 1층 | 구약의 신화적 인물, 정치·군사적인 힘 상징 | 여호수아, 삼손, 헤라클레스, 다윗 |

오트하인리히관.

　우리는 육안으로 그 인물들을 구별할 수 있다. 여호수아는 투구를 쓰고 있고, 삼손은 힘을 상징하므로 오른손에 나귀의 턱 조각을 가지고 있다. 헤라클레스는 왼손에 몽둥이를 가지고 있고, 다윗은 골리앗의 머리를 들고 있다. 1층 창 위의 벽면에 로마 황제의 동전상이 있는데 이것은 정치적 군사적 힘의 상징이다. 2층에는 고대 의상을 입은 다섯 여인상이 있다. 이들은 기독교 통치자들의 미덕, 즉 힘·믿음·사랑·소망 그리고 정의를 나타낸다. 힘을 상징하는 여인은 기둥을 부러뜨리고 있으며, 사랑을 상징하는 여인은 아기를 안고 있고, 소망을 상징하는 여인을 닻을 가지고 있다. 정의의 여신은 오른손에 검을 왼손에는 저울을 들고 있다

　3층에는 로마의 여신들로서 요일을 나타내는 신인 다섯 개의 별이 있다. 사투른(토성신)은 자신의 아기를 먹고 있으며,

마르스(화성)는 군신이므로 투구를 쓰고, 오른손에 검을 그리고 왼손에는 방패를 들고 있다. 비너스(금성)는 사랑을 나타내므로 젖가슴을 드러내고 아기와 함께 있으며, 왼손에 메르쿠리우스 지팡이를 들고 있는 메르쿠리우스(수성)와 루나(달)가 있다. 그 위 지붕에 있는 솔(태양신)은 태양 같은 둥근 구를 들고 있고, 주피터(목성)가 있다. 이들은 고대 판테온 신전을 원용하고 있는데 인문주의를 상징한다.

오트하인리히관 지하에는 1957년 10월부터 독일 약국 박물관(Deutsche Apothekemuseum)이 입주해 있다. 독일 약국 박물관은 원래 1937년에 만들어져서 1년 뒤에 뮌헨에서 문을 열었으나 1944년에 거의 파괴되어 버렸다. 남은 것을 밤베르크로 가져갔다가 1957년 결국 하이델베르크로 옮겨왔다고 한다. 거기에는 18세기와 19세기의 의약품과 조제 및 실험시설이 있다. 약제함과 고딕 및 르네상스 시대의 절구가 있다.

### 술통관(Faßbau)

1589~1592년 사이에 선제후 요한 카지미르가 술통을 보관할 수 있는 건물을 짓도록 하였다. 후기 고딕 양식으로 지어진 술통관은 프리드리히관 왼편 지하로 들어가게 되어있다. 처음 만들어진 술통의 용량은 13만 리터였다. 1664년 이 술통은 19만5천 리터 용량의 훨씬 더 큰 것으로 대체되었다. 1751년에는 이 술통이 다시 221,721리터 용량의 술통으로 교체되었는데, 이것이 현재 하이델베르크 성 안에 있는 가장 큰 술통(Großes Faß)

이다. 폭 7m, 길이 8.5m의 이 거대한 술통은 당시에 와인을 즐겼다는 것을 보여준다. 이곳은 계단으로 왕실과 연결되어 있다. 지하실 입구 오른편에 들어가자마자 작은 술통이 있다.

큰 술통 맞은 편 오른쪽에는 조그마한 페르케오(Perkeo) 조각상이 있다. 페르케오는 하이델베르크 성에 있는 선제후 칼 필립의 시대에 살았다고 하는 술이 아주 강한 궁중의 익살꾼이었다. "한 잔 더 하실래요?"라는 질문에 그는 항상 "Perche no?"라고 이태리 말로 대답했다고 한다. 이것을 우리말로 옮기면 "왜 아니겠어요?" 혹은 "물론이지요"라는 뜻이다. '페르케오'라는 이름은 바로 여기서 나왔다. 그 페르케오 조각상의 오른쪽 아래에 나무 상자가 있는데, 방문객들이 그 상자의 손잡이를 당겨야 그 지하실을 떠날 수 있다고 한다.

요제프 빅토르 폰 쉐펠이 이 이야기에 대해서「옛날 페르케오라는 난장이가 있었네」라는 시로 표현하였다. 이 시는 슈테판 그루베가 1961년에 곡을 붙였다.「하이델베르크 청춘의 샘물이여」라는 민요에도 페르케오가 언급된다. 전설에 의하면 페르케오의 사망원인이 와인을 마시는 대신에 물을 한 잔 마셨기 때문이라고 한다. 그리고 슈파이어 시의 카니발 박물관에는 하이델베르크 페르케오의 전통 의상이 전시되어 있다고 한다.

### 프리드리히관(Friedrichsbau)

1601~1607년 사이에 지어진 독일 르네상스 전성기의 탁월한 건축물 중의 하나이다. 선제후 프리드리히 4세(1583~1610)

가 건축가 요하네스 쇼흐에게 부탁하여 지었다. 이 건물은 성이 방어적 개념에서 주거적 개념으로 넘어갔음을 보여주는 것이다.[5] 1층에 있는 성 내 교회는 전쟁에도 파괴되지 않고 있으며, 그 위에 거실이 있다.

전면에 16명의 실물크기의 인물장식은 제바스티안 괴쯔가 조각하였다. 그들은 칼 대왕에서 프리드리히 4세 자신까지 선제후의 조상들이다. 30년 전쟁 이전에 비텔스바흐 가가 이것으로 합스부르크 가의 가톨릭 왕조보다 더 오래되었음을 시사하고자 했다고 한다. 즉, 프로테스탄트 계열의 선봉으로서 팔쯔 가가 합스부르크 가에 대응하여 시위하고 있는 것이다. 그것으로 합스부르크 가에 대한 승리를 희망하고 있다. 그러나 팔쯔와 동맹을 맺어 합스부르크 가에 대응하여 싸우려고 한 프랑스 왕 하인리하 4세가 1601년 죽게 되어 프랑스의 지지가 없이 합스부르크 가와 싸워 이길 수가 없었다.

건축주인 프리드리히 4세는 1층 맨 오른편에 조각상으로 남아 있다. 재미있는 것은 프리드리히관의 전면에 조각된 오트하인리히 상(2층의 맨 오른편 조각)을 보면 그는 오트하인리히관으로부터 고개를 돌리고 있다. 속설에 의하면 그 이유는 오토하인리히관을 짓느라 진 빚 때문에 그 건물을 쳐다보지 않는다고 한다.[6] 프리드리히관은 1890~1900년에 복구되었다.

### 영국관(Englischer Bau)
1612~1615년 사이에 프리드리히 5세(1610~1623)가 영국

출신의 부인 엘리자벳 슈투아르트를 위해 지은 건물로, 건축가는 프랑스인 살로몬 드 카우스나 아니면 영국 출신의 아이니고 존즈로 추정된다.

프리드리히 5세는 이외에도 로마의 개선문을 본 따서 1615년 엘리자벳의 문(Elisabethentor)을 지었다. 이것은 슈투아르트 가문에서 시집 온 영국출신의 그의 부인이 스무 살 되던 생일에 지은 건물이다. 이 건물은 하룻밤 만에 만들었다고 한다. 하이델베르크 성에 있는 첫 바로크 양식의 건물로, 건축가는 살로몬 드 카우스이다. 눈에 띄는 것은 꽃 모티브와 잎으로 두른 기둥이다. 옆의 담장 모습이나 울타리, 꽃 장식은 정원예술에 해당한다.

### 팔쯔 정원(Hortus Platinus / Schloßgarten)

오늘날 고성 정원(Schlossgarten)은 예전에 팔쯔 정원(Hortus Palatus)으로 불렸다. 유럽의 가장 유명한 정원건축 작품 중의 하나이며, 세계 8대 기적이라 불린다. 선제후 프리드리히 5세와 영국 왕의 딸 엘리자벳 슈투아르트와의 결혼식을 기념하여 프랑스의 정원사 살로몬 드 카우스가 다섯 개의 테라스 형태가 층계를 이루도록 만들었다.

이 정원은 보고, 듣고, 냄새 맡을 수 있게 만들었다는 것이 특징이다. 그러나 그것이 완성단계에까지 갔는지에 대해서는 논란이 있다. 19세기 이래로 농업과 식물에 대한 교육공간으로 변천되어 이용되고 있다. 시내로 탁 트인 전망을 갖고 있고, 아름드리 나무들이 그늘을 이루고 있어 연인들이 산책하기에는 더할 나위 없이 좋은 곳이다.

### 탑(塔)

성 내에는 건물과 건물의 연결지점에 탑들이 있다. 먼저 '종탑(Glockenturm)'을 들 수 있다. 고성 건물의 북동쪽 모서리에 유리관과 오트하인리히관 사이에 있는 탑이다. 15세기에 짓기 시작해서 1683년에 완성하였다. 7층으로 된 우아한 탑으로 사람이 거주할 수 있도록 지어졌다. 30년 전쟁으로 파괴될 때까지는 지붕에 종이 있었다. 그래서 종탑이라 부른다. 1774년 탑이 완전히 불타버렸으나 외관은 비교적 그대로 보존되어 있다.

관광객들이 가장 많은 사진을 찍어간 탑으로는 '화약탑(Krautturm)'을 들 수 있다. 루트비히관과 경제관 사이 남동쪽 모서리에 있는 탑이다. 1693년 멜렉이 이끄는 부대의 포격을 받고 무너졌다. 파괴된 모습을 고성 정원에서 잘 볼 수 있다. 이 탑은 15세기에 짓기 시작했고 맨 아래층에는 대포를 쏠 때 사용하는 점화용 화약을 보관해두었다고 한다. 그 때문에 화약탑이라고 부른다.

오트하인리히관과 루트비히관 사이에는 '약사탑(Apothekerturm)'이 있다. 1600년경에 짓기 시작했으며 높이가 125m라고 한다. 그 아래에 독일 약국박물관의 일부가 들어가 있어 약사탑이라고 부른다.

‘두꺼운 탑(Dicker Turm)’도 있다. 고성 내에서 가장 큰 탑이다. 북서쪽 모서리에 위치하고 있다. 직경이 28m 이상 되고, 탑의 두께가 7m나 된다고 한다. 프리드리히 5세가 부인 엘리자벳 슈투아르트를 위하여 이 안에 극장을 설치하여 셰익스피어 연극을 공연하려고 했다고 한다. 1533~1619년 사이에 지어졌으며 7개의 포를 가진 가장 큰 탑이다. 1693년 프랑스군의 폭파로 북쪽이 무너졌다.

‘성문탑(Torturm)’은 다른 탑과는 달리 둥글지 않은 4각의 탑이다. 고성 내로 들어가는 관문이기도 하다. 1531~1541년 사이에 선제후 5세 치하에서 지어졌다. 모리쯔 레힐러가 지었으며, 높이는 40m라고 한다.

## 성의 마당(Schloßhof)과 고성 축제극(Schlossfestspiele)

성의 마당은 성의 중심지로 주변을 둘러싸고 있는 시대와 양식을 달리하는 여러 건축물들을 바라볼 수 있는 곳일 뿐만 아니라, 역대 여러 선제후, 왕, 교황, 정치인, 그리고 예술가들이 걸어간 아주 장엄한 곳이다. 여름이면 종종 취주 악대가 연주를 하기도 한다. 이곳에서는 일찍부터 여름 음악축제가 벌어졌다고 한다. 1913년 여름에는 엘리자벳 슈투아르트가 프리드리히 5세와 결혼하여 하이델베르크로 이사온 지 300주년이 되는 것을 기념하여 고성 축제극(Schloßfestspiele)이 열렸다고 한다.

지금도 해마다 여름이면 고성의 오트하인리관 앞 안마당

(Schloßhof)에서 펼쳐지는 여름 축제극은 하이델베르크와 고성의 중요 행사로서 독일 내외국인의 관심을 자극한다. 하이델베르크에서 축제극을 공연하게 된 것은 루돌프 칼 골트슈밋트(1890~1964)의 공적이 크다.

루돌프 칼 골트슈밋트는 칼스루에 태생으로 제1차세계대전에 지원병으로 참여하여 부상당한 후 전역하여 언론계에 종사했는데, 1926년 독일 표현주의 연극의 대표자라 할 수 있는 구스타프 하르퉁(1887~1946)에게 하이델베르크에서의 그의 축제극 이념에 대해서 설명하였고, 이에 하르퉁은 관심을 표명하였다. 어느 곳에서 개최하는 것이 좋을 것인가에 대해서 하르퉁은 하일리겐베르크의 언덕을 생각하고 있었으나, 1926년 4월에 산책을 하면서 골트슈밋트가 하르퉁에게 성의 안마당을 제안했을 때, 하르퉁은 즉시 음향효과를 테스트해볼 정도로 관심을 가졌다.

골트슈밋트와 하르퉁이 주도하여 1926년 5월 8일 '하이델베르크 축제극 협회(Verein Heidelberger Festspiele)'를 창립하였다. 이 협회는 출발부터 하이델베르크 시와 밀접한 관계를 맺었다. 행사의 책임자로서 하르퉁이 선출되었는데 하나를 제외하고는 1926~1929년까지 모든 각본을 담당하였다. 신학자이며 1927~1928년 하이델베르크 대학의 총장이었던 마르틴 디벨리우스와 후일 노벨 화학상 수상자인 프리드리히 베르기우스는 협회의 임원직을 맡으면서 이념적으로나 물질적으로 적극적으로 도왔다. 공연은 매해 세 편씩 일부는 오트하인리히관 앞마당에서 야외공연으로 일부는 무대에서 개최되었다. 하르퉁이 각색한 셰익스피어의 작품 「한여름 밤의 꿈」이 공식적인 개막작품으로 성의 안마당에서 1926년 7월 31일에 공연되었다.

1928년과 1929년에는 표가 거의 매진되었다. 관람객 수는 첫해에 만6천 명이었으나 1929년에는 3만 명이었다. 경제적인 이유로 1930년부터 1933년까지는 공연이 이루어지지 못하다가 1934년 히틀러가 수상이 되면서 문화부 장관이었던 괴벨스에 의해서 다시 추진되었다. 1934년에서 1939년까지는 나치 주도의 공연이 이루어졌다. 이때는 축제극의 이름을 '제국 축제극(Reichsfestspiele)'으로 바꿔 불렀다. 1974년부터는 '고성 축제극(Schlossfestspiele)'으로 부르고 있다.

초창기에는 「한여름 밤의 꿈」이 대표적 공연작품이었다면, 1976년부터는 「황태자의 첫 사랑」이 낭만주의적인 하이델베르크의 이미지를 나타내고 있다. 2004년도의 공연 작품 중에는 움베르토 에코의 『장미의 이름』도 들어있다.

# 셈페르 아페르투스(semper apertus)

　선제후 루프레히트 1세가 교황의 허가를 받아 1386년 하이델베르크에 대학을 세웠다. 신성로마 독일제국 내에서 세 번째였으며 오늘날 독일 땅에서는 맨 처음으로 세워진 대학이다. 루프레히트 1세가 하이델베르크에 대학을 세운 것은 팔쯔가 정신적으로는 독일과 유럽의 중심지가 되게 하려는 의도에서였다. 그래서 외부로부터 사람들이 몰려오도록 하는 동시에 교회와 국가가 필요로 하는 인재를 양성하려고 하였다. 그는 우수한 교수들을 외국에서 초빙해 왔다. 초대 총장 마르질리우스 폰 잉엔도 네덜란드인이었다.

　초대 총장의 직인에는 팔쯔의 사자가 일어나 책을 펼쳐 보이고 있는 모습이 새겨져 있다. 그리고 그 책에는 '셈페르 아페르투스(semper apertus)'라고 적혀있다. '항상 열려 있는'이라는 뜻이다. 학문을 연구하기 위해 '항상 책이 펼쳐져 있다'는 의미를 갖는 동시에 '하이델베르크 대학이 세계를 향해 열려 있다'는 국제성을 상징하기도 한다.

선제후 오토 하인리히는 1556년 이 대학을 중심적인 개신교 대학으로 변신시켰다. 그의 재위 기간은 3년 정도 밖에 되지 않았지만 종교 부지를 환속하여 대학의 재정을 충당하고, 가톨릭 신학과를 없앴다. 16세기 후반에 프리드리히 3세를 거치면서 하이델베르크는 유럽의 학문과 문화의 중심지가 되었다.

대학은 칼빈주의적 특성을 가졌다. 전 유럽에서 교수와 학생들이 하이델베르크로 몰려들었다. 30년 전쟁이 일어나기 전까지, 즉 1618년까지는 대학이 전성기를 맞이하였다. 그러나 30년 전쟁 동안 도시가 정복되고 1622년에는 팔쯔 도서관이 약탈당하여 1623년 수많은 책들이 로마로 실려 갔고, 상속전쟁 이후에는 하이델베르크 전 도시가 파괴되었다. 대학도 이로 인해 몇 해 동안 문을 닫았다가 1652년 다시 문을 열었다.

1803년 하이델베르크가 바덴주로 넘어가면서 대학도 새로운 전기를 맞이했다. 대학이 재조직되고 주로부터 재정지원을 받게 되었다. 1805년부터 대학의 이름도 바덴의 칼 프리드리히 대공의 이름을 추가하여 '루프레히트 칼 대학교(Ruperto-Carola)'라 불려졌다.

대학은 정신적으로 신인문주의의 특성을 띠게 되었다. 교수와 학생들 사이에 낭만주의 사상이 퍼졌다. 헤겔이 하이델베르크에서 가르쳤고, 정치역사학에서 하이델베르크 학파를 형성하기도 했다. 의사 헬리우스(Chelius)에게 온 유럽에서 환자들이 몰려왔다. 하이델베르크 교수들은 진보적이었다. 1848년에는 그들 중 몇몇이 프랑크푸르트 국민의회의 회원이 되었다. 19세기 자연과학분야에서는 분젠, 키르히호프, 헬름홀쯔가 함께 전성기를 누렸으며, 법학대학으로도 유명했다. 1900년 4월 28일에는 처음으로 여학생에게까지 교육의 기회가 주어지게 되었다.

바이마르 공화국 시절에는 칼 야스퍼스, 구스타프 라트브루흐, 마르틴 디벨리우스, 알프레트 베버와 같은 교수들로 인하여 민주정신의 아성이 되기도 했다. 1928~1931년 사이에 미국의 기부금으로 신관 노이에 우니를 건축하였다. 당시에 학문적으로는 철학부와 법학부가 하이델베르크의 이미지를 형성하였다. 루돌프 폰 크렐이 의학의 새로운 길을 열어갔다. 그러나 제3제국 시절에는 정치적이고 인종적인 이유에서 나치가 다수의 교수들을 파면시키고, 학생들을 제적하였다.

제2차세계대전 말, 대학의 외양은 크게 부서지지 않았으나 정신 개혁을 필요로 하였다. 야스퍼스의 붓끝에서 새로운 도약이 일어났다. 대학은 진리, 정의 그리고 인문주의가 살아있는 정신에게 기여하는 것이 책무였기 때문이다.

창건된 이래로 하이델베르크 대학은 신학부, 법학부, 의학부, 철학부 등 4개의 학부를 유지했으나 1890년 자연과학부가 추가되었다. 1964년에는 독일 암연구 센터(DKFZ: das Deutsche Krebsforschungszentrum)가 생겨났고 1969년에는 16개 학부로 세분화되었다. 하이델베르크 대학은 전통적으로 외국인 학생이 많은 것이 특징이다.

하이델베르크에서 대학이 갖는 의미는 크다. 선제후궁이 만하임으로 옮겨가버림으로써 정치적으로 쓸모없는 지역이 되었을 때, 독일 땅에서 가장 오래된 하이델베르크 대학이 이 도시가 지방 도시로 추락하는 것을 막았다. 문화사가 리하르트 벤쯔(Richard Benz)가 지적하였듯이 하이델베르크는 땅이 없이도 여전히 '정신적 궁(Geistes-Residenz)'[7]으로 기능하였던 것이다.

## 알테 우니와 알테 아울라

대학 건물 중에서 가장 오래된 건물은 그라벤가세 1번지에 있는 알테 우니, 즉 구관이다. 선제후 요한 빌헬름의 부탁으로 마인쯔 출신의 아담 부로이니히가 1712년 6월 24일 오늘날 알테 우니의 초석을 놓았으며 1735년에 준공되었다. 선제후 요한 빌헬름의 이름을 따서 '도무스 빌헬미아나(domus wilhelmiana)'라고 부르기도 한다. 옛날에는 이 건물이 대학건물의 전부였으므로 총장 집무실, 행정실과 강의실, 도서관 심지어 나중에는 대학생 감옥까지 이 건물 안에 있었다.

1886년 대학 550주년 기념식을 즈음하여 2층의 알테 아울라(대 강의실)가 변형되었다. 지금도 마찬가지이지만 알테 아울라에서 대학의 중요 행사가 개최되었다. 알테 아울라 안으로 들어가 보면 정면 한 가운데에 석고상이 하나 있다. 이는 프리드리히 뫼스트가 만든 칼 프리드리히 대공의 석고상이다. 흉상 왼편에는 선제후 루프레히트 1세의 초상화가 있고, 오른편에는 칼 프리드리히 폰 바덴 변경백의 초상화가 있다. 칼 프리드리히는 하이델베르크가 바덴으로 넘어간 이후에 대학을 장려한 사람이다. 그 위쪽 그림은 지혜의 신인 팔라스 아테나가 하이델베르크로 입성하는 것을 묘사하고 있다. 천장에는 철학부, 의학부, 법학부, 신학부를 나타내는 그림이 있다.

## 슈투덴텐카르쩌(Studentenkarzer)

알테 우니 뒤편에 있는 골목 아우구스티너가세 2번지에 대학생들의 감옥 슈투덴텐카르쩌가 있다. 1층에는 관리인이 살며, 건물의 2층으로 올라가야 한다. 이곳은 심하게 싸웠거나, 도둑질을 했거나, 술을 많이 마셨거나, 야간에 소란을 피우거나, 결투를 하거나, 다른 공공질서를 위반한 대학생들을 가두는 곳이다.

대학은 대학 나름대로의 교칙을 가지고 있어서 직원이 학생들에게 감옥형을 내릴 수 있었다. 구금은 사건에 따라서 3일에서 4주까지였는데, 대학생들은 이 기간에도 그들의 강의를 수강할 수 있었다고 한다. 그러나 강의가 끝나면 다시 감옥으로 들어가야 했다. 당시에 왜 대학생 감옥이 필요했는가 하는 이유 중의 하나는 당시 대학생 입학 연령이 13세 내지 14세로 낮았다는 것이다.

대학생 감옥의 역사는 꽤 오래전부터였다. 1545년 대학생 감옥이 설치되었고, 1716년에는 알테 우니에 감옥이 설치되었다. 대학 시설 모두가 알테 우니에 집결되어 있었던 시절이다. 1780년대에 들어오면서 그 안에 있던 도서관이 커지고 자연과학부가 들어오면서 공간이 부족해졌다. 그래서 뒤쪽 부지를 매입하여 1784년[8]에 아우구스티너가세에 감옥이 설치되었다. 많은 이들은 감옥 벽에 초상화를 그리거나 문구를 적으면서 시간을 보냈다. 오늘날 볼 수 있는 벽화들은 낙서에 나타난 연대를 보아서도 알 수 있듯이 19세기 후반부터 그려진 것이라고 한다. 대학생 감옥은 1914년 감옥으로서의 기능이 종료되었다.

## 대학 광장

원래 이 자리에는 아우구스티너 수도원이 있었다. 1518년 루터는 하이델베르크로 와서 스콜라 철학자들과 자기 논제에 대하여 논쟁을 벌였다고 한다. 이 수도원은 1693년 불타버리고 후에 대학 광장이 들어서게 된 것이다.

넓은 대학 광장에서는 자주 정치적인 시위가 일어나기도 했으며, 1933년 5월 17일 22시경에는 거기서 분서사건도 있었다. 그리고 1936년과 1961년에는 대학 창건 기념일을 맞아

분장한 교수들이 시가행진을 하기도 했다. 요즘은 성탄시즌이 되면 이곳에서 성탄시장이 열린다.

## 노이에 우니

알테 우니와 대학 광장을 사이에 두고 마주하고 있는 노이에 우니, 즉 신관은 1928~1931년 사이에 공모를 통해서 칼 그루버가 설계하게 되었다. 이 건물은 한때 하이델베르크 대학의 대학생이었던 미국대사 제이콥 굴드 셔먼이 미국에 있는 유태인 친구들과 독일 출신의 친구로부터 모금하여 기부한 돈으로 지었다. 당시 모금하여 전달한 기부금이 5십만 달러나 되었다고 한다.

나치계 학생단체와 전체 국민 민족 진영은 비록 그 건물이 그들의 행사를 위한 배경으로는 적합했다 할지라도 유태인의 돈으로 지은 건물이라고 문제 삼았다.[9] 현재 철학부가 사용하고 있는 노이에 우니는 전면이 좁다란 창문으로 되어 있는데, 이는 중세 건축술을 본뜬 것이다. 현관 위에는 칼스루에의 조각가 칼 알비커가 조각한 그리스의 지혜의 여신 팔라스 아테나가 있다. 이는 인문주의 전통을 구체화한 것이다. 그 밑에는 유태인으로 하이델베르크 대학 교수였던 프리드리히 군돌프가 헌사한 "살아있는 정신에게(Dem lebendigen Geist)"라는 문구가 적혀 있다. 나치 시절에는 팔라스 아테나 여신 대신에 오토 쉬슬러가 제작한 5m 크기의 독일제국 독수리로 교체하고 그 밑에는 "독일 정신에게(Dem Deutschen Geist)"로 써 놓았다고 한다.

노이에 우니 안마당 쪽에 헥센투름(Hexenturm)이라고 하는 중세 건물이 하나 있다. 이는 1392년까지 도시를 둘러싸고 있었던 성의 일부였으며, 성의 유적 중 유일하게 남아 있는 것이기도 하다. 헥센투름은 특이하게 비스듬하게 돌려져 있다. 모퉁이 망루로 쓰였기 때문이며, 그 방향이 시내 쪽을 향하여 열려져 있다. 팔쯔 상속전쟁 이후에 복구할 때 지붕은 중세형으로 뾰족한 지붕이 아니라 완만한 지붕으로 덮었다. 1932년 가을부터 1933년 여름까지 2층에서는 제1차세계대전에서 전사한 하이델베르크 대학의 대학생과 공무원, 교수들의 기념비를 설치하였다. 기념비는 석판이며, 그 위에 전사자의 명단이 적혀있다.

## 대학 도서관

플뢱가 107-109번지에 자리 잡고 있는 하이델베르크 대학 도서관에는 장서가 약 300만 권, 마이크로필름과 비디오가 45만5천 점, 필사본이 6천6백 점 소장되어 있다. 적극적인 이용자가 29,000명이며, 연간 약 120만 권의 도서가 대출되고 있는 도서관이다. 이 대학 도서관은 칼스루에의 건축가 요제프 두름의 설계로 신고딕 양식으로 1901~1905년 사이에 건축되었다.

이 건물은 전면은 물론 지붕까지 많은 장식을 달고 있다. 특히 현관 입구의 두 기둥에 있는 조각이 특별한 의미를 지니고 있다. 이는 칼스루에 미술대학 교수인 헤르만 볼쯔가 조각한 것으로 왼쪽에는 프로메테우스, 오른쪽에는 여인상이 있다. 프로메테우스는 바위에 묶여있고, 그의 발 위에 독수리가 앉아 있다. 그리스 신화에서 프로메테우스는 제우스신의 뜻에 반하여 인간에게 불을 가져다 준 벌로 코카서스에 있는 바위에 묶이게 된다. 독수리 한 마리가 그의 간을 계속해서 파먹었다. 따라서 하이델베르크 도서관 현관에 있는 프로메테우스 조각상이 의미하는 바는 윤리적으로 허용되지 않는 지식습득이나 연구를 하지 말라는 것이다.

오른쪽 여인상은 아이를 데리고 있다. 이는 인식이 세대에서 다음 세대로 계속 전달됨을 상징한다. 벽에는 웃는 얼굴과 우는 얼굴상이 새겨져 있는데 이는 희극과 비극을 상징한다고 한다.

도서관에 소장된 책 가운데 가장 유명하고 중요한 것은 코덱스 마네세, 다

대학 도서관 기둥의 프로메테우스.

른 말로 『하이델베르크의 시가 필사본 대집 *Große Heidelberger Liederhandschrift*』이다. 이것은 1300년경 스위스 쮜리히의 명문 귀족인 마네세가 수집한 중고독일어로 된 서정시 모음집이다. 35.5cm×25cm 사이즈로 된 426장의 양피지로 엮어진 이 책은 140여 명의 시인들의 약 6,000절의 시가를 담고 있으며 그것을 그림으로 묘사한 138점의 작은 채색그림이 들어 있다.

이 책은 인문주의자 멜시오르 골다스트(Melchior Goldast)의 노력으로 16세기에 처음 하이델베르크로 오게 되었다. 그런데 그것이 어떻게 해서 파리 국립박물관으로 들어가게 되었는지는 알 수 없다. 일부의 사람들이 추정하기로는 1622년 하이델베르크가 틸리 장군에 의해 정복되기 이전에 다른 장서와는 달리 선제후의 귀중한 문서와 함께 안전하게 보관되었다가, 선제후 프리드리히 5세의 미망인이 경제적으로 어려운 나머지 그것을 매각한 것으로 본다.

1657년부터 필사본은 파리 국립박물관 소유가 되었다. 그 후 1888년 슈트라스부르크의 서적 상인 칼 이그나쯔 트뤼브너(Karl Ignaz Trübner)의 중재로 독일제국이 400,000만 골드마르크를 주고 사와서 하이델베르크 도서관에 넘겨주었다. 원본은 보관상의 이유로 가끔씩 전시회에만 모습을 드러낸다. 라이프찌히에서 320권이 출판된 1925~1927년 사이의 복사본이 대학도서관의 2층 로비 유리관 속에 항상 전시되어 있다.[10] 그림들 중에서 가장 유명한 것은 돌에 앉아 있는 중세 음유시인 발터 폰 데어 포겔바이데이다.

이 대학 도서관 건물이 건립되기 이전에는 1827년부터 1905년까지 아우구스티너가세 15번지에 있는 이전의 예수회 김나지움에 대학 도서관이 들어가 있었다. 그리고 그 이전에 1622년까지는 성령교회(Heiliggeistkirche)의 팔쯔 도서관(Bibliotheca Platina)이 대학 도서관으로 사용되었다.

## 마르슈탈 멘자(Marstall Mensa)

여행 중에 값싸게 한 끼를 때울 수 있다는 것은 기쁜 일이며, 더군다나 색다른 경험까지 함께 할 수 있다면 더할 나위가 없다. 하이델베르크에서 여행 중일 때, 혹 낮 시간이라면 대학 구내식당에 들러보는 것을 권해보고 싶다. 독일어로 '멘자'라고 불리는 대학의 학생식당이 하이델베르크 대학에는 세 군데에 흩어져 있다. 임 노이엔하이머펠트에도 하나가 있고, 구 시가지에는 대학 광장 바로 맞은 편, 즉 찌항크 서점 옆 건물에도 있다. 운치 있는 역사적 건물 속에 멘자가 들어서 있는데, 그것을 흔히 '마르슈탈 멘자'라고 부른다. 사실 멘자가 들어서 있는 건물은 마르슈탈(Marstall, 외양간)이 아니라 쪼이크하우스(Zeughaus, 병기창)였는데 사람들이 잘못 알고 그렇게 부르고 있다. 넥카강 쪽에서 볼 때 병기창 뒤에 외양간이 있었으나 30년 전쟁으로 파괴되었다. 그 후 사람들은 병기창을 포함하여 모두를 마르슈탈이라고 불렀다. 병기창은 1510년 선제후 루트비히 5세가 만들었다. 1921년부터 이 병기창이 멘자와 체육관으로 사용된다. 그 후 여러 차례 불이 나서 건물을 개축하였는데, 2003년 5월에는 다시 내부시설을 고쳐 바와 클럽, 그리고 무대까지 설치하였다.

## 식물원(Botanischer Garten)

하이델베르크 대학에 부속하는 기관 중에 특히 식물원이 유명하다. 하이델베르크 대학의 식물원은 라이프찌히(1580), 예나(1586)에 이어 독일에서 세 번째로 1593년에 만들어졌다. 하이델베르크 대학 식물원은 1593년 의과대학 교수인 헨리쿠스 스메티우스가 의과대학 식물원(Hortus medicus)으로 만들었다. 설립 당시에는 오늘날 켈텐가세와 쯔빙어가세가 있는 마르크브론너 토어 앞에 만들었으나, 그 후에 여러 곳을 전전하다가 1915년부터 노이엔하이머펠트에 자리 잡았다. 현재 부지 면적이 약 3헥타르에 달하나 10헥타르로 넓히려고 계획하고 있다.

# 하이델베르크의 교회

하이델베르크에서 교회의 역사는 우리가 생각하는 것 이상으로 중요하다. 특히 하일리히가이스트키르헤(성령교회)와 예주이턴키르헤(예수회 교회)의 역사는 하이델베르크를 제대로 이해하기 위해서는 반드시 필요하다.

## 페터스키르헤(Peterskirche)

플뢱 70번지에 있는 개신교회인 페터스키르헤는 하이델베르크에서 가장 오래된 교회이다. 이미 12세기에 보름스 주교구가 이곳에 페터스키르헤를 세웠다고 한다.[11] 그러나 페터스키르헤라는 교회의 이름이 문헌에 맨 처음으로 등장하는 것은 1357년부터이다. 1386년 대학이 생겨나고부터 페터스키르헤는 하이델베르크 대학과 밀접한 연관을 맺게 되었다.

15세기 초에 선제후 루프레히트 3세가 성령교회를 짓기 전까지 페터스키르헤는 하이델베르크의 교구교회였으나, 성령교회가 교구교회가 된 다음에는 페터스키르헤를 대학에 넘겼다. 이때부터 오늘날까지 페터스키르헤는 대학교회의 위치를 지키고 있다. 1490년대에 후기 고딕 양식의 교회가 지어졌으나, 1693년 팔쯔 상속전쟁으로 파괴되어 다시 바로크 양식으로 지었다.

교회의 내·외부에 있는 150개나 되는 묘비석으로 미루어 짐작할 수 있듯이 페터스키르헤의 묘지를 1884년까지 귀족이나 궁정공무원, 교수, 부유한 시민이 선호하였다. 1864~1870년에 페터스키르헤는 개축되었고, 신 고딕 양식으로 바뀌어졌다. 단지 지성소와 서쪽 탑의 하단부는 1500년대의 것이다. 벽에 한스 토마의 그림 두 점이 걸려있다. 「작은 베드로」와 「정원사로서의 그리스도」이다. 한스 토마는 그와 친한 미술사가인 헨리 토데의 부탁으로 그것을 그렸다. 신 고딕 양식의 탑은 제2차세계대전 당시에 부서지고, 전후에 오늘날의 형태로 탑이 세워졌다. 1883년 교회 동편에 루터 탄생 400주년을 기념하면서 루터 참나무(Luthereiche)가 심어졌다.

## 성령교회(Heiliggeistkirche)

성령교회에 대해서는 1239년에 첫 언급이 있었다고 한다. 선제후 루프레히트 3세가 오늘 날 남아있는 후기 고딕 양식의 건축물을 1398~1441년에 지었다. 서쪽 탑은 1544년에 완성되었다. 그러나 82m 높이의 탑의 투구형 덮개는 1709년에 얹게 되었다. 성령교회는 팔쯔 선제후국의 영역에서 가장 큰 고딕 양식의 교회이다. 성령교회는 팔쯔의 비텔스바흐 가의 무덤이 있

성령교회.

는 곳에 있다. 팔쯔 상속전쟁에서 1693년 프랑스군대에 의해 대부분 파괴되었고 54구의 묘비 가운데 묘하게도 설립자인 선제후 루프레히트 3세와 그의 부인 엘레자벳 폰 호엔쫄레른의 묘만 남아있다. 성령교회와 관계하여 특별히 언급해야 할 사항이 있다. 첫째는 교회의 외벽에 구멍가게가 들어서 있는 것이고, 둘째는 교회 안에 들어서 있었던 팔쯔 도서관이며, 셋째는 요하네스 슈라이터의 스테인드글라스이며, 넷째는 성령교회를 둘러싼 다툼이다.

### 성령교회 외벽의 구멍가게

성령교회는 특이하게도 교회건물 외벽에 구멍가게가 들어서 있다. 이것은 15세기 초부터 그랬다고 한다. 애초에는 성령

교회에서 직영으로 운영하는 빵을 파는 가게였는데 교회는 곧 그것을 하이델베르크 시에 넘겼다. 가게는 모두 22개인데, 헌책방도 있었다. 1960년대만 해도 구두방, 꽃가게, 과일과 야채 가게 등 다양한 가게가 있었다고 하나 지금은 전부 기념품을 파는 가게로 바뀌었다.

### 팔쯔 도서관(Bibliotheca Palatina)

성령교회 내에 팔쯔 도서관이 들어선 것은 선제후 루트비히 3세 시대로 거슬러 올라간다. 성령교회 도서관이 결정적으로 확대된 것은 오트하인리히 덕분이다. 그는 고성에 있던 책들을 성령교회로 가져왔다. 1556년부터 그리스어, 히브리어, 라틴어, 아랍어로 된 필사본을 모아두었다. 중간 거래인을 통하여 희귀본을 탐색하기도 했다. 그는 죽을 때까지 광적으로 책을 모았다. 울리히 푸거 도서관으로부터도 책을 기증받게 되어 곧 세계적 명성을 얻었다. 그러나 30년 전쟁으로 파괴되고, 1622년 틸리가 정복하여 도서관을 약탈해 갔으며 이듬해에는 바이에른의 막시밀리안 공이 팔쯔 도서관을 교황 그레고르 15세에게 선물했다. 3,500권 이상의 필사본과 약 13,000점의 인쇄물이 184개의 상자에 꾸려져 50대의 마차에 실려 알프스 산을 넘어 로마로 운송되었다. 부젤마이어는 오히려 이것으로 인하여 책이 잘 보존될 수 있었다고 말한다. 1693년 5월 팔쯔 상속전쟁이 벌어졌을 때 프랑스군대가 성령교회에 불을 질렀기 때문이다. 이후 도서관의 부흥은 19세기 초에 대학이 재조직되면서 비로소 이루어졌다. 팔쯔 도서관의 책을 반환받으려는 노력이 1816년 부분적인 성공을 거두었다. 847점의 독일 필사본이 바티칸에서 돌아왔고, 그 동안에 파리로 간 라틴어 서적과 그리스어 서적이 다시 하이델베르크로 돌아왔다. 그리고 1986년 대학설립 600년 기념식에서 일부가 잠시 동안 되돌아 와 원래의 장소에서 전시되었다.

### 요하네스 슈라이터의 스테인드글라스

요하네스 슈라이터는 스테인드글라스 예술과 관련하여 자신만의 독특한 세계를 구축하고 있다. 1977년 하이델베르크 시는 그에게 성령교회 내부의 유리창에 설치할 스테인드글라스의 설계를 부탁했다. 요하네스 슈라이터는 문학, 음악, 컴퓨터, 의학, 물리학, 경제학, 화학, 생물학, 언론, 지도 등을 소재로 유리창을 장식하려고 했다. 이로써 그는 성령교회가 한때 세계지식의 총량을 모아 놓은 도서관이었다는 것을 시사함은 물론, 기술발전과 인간행동의 한계성을 보여주려고 했다.

그러나 그는 1984년 시범적으로 시도해본 물리학을 소재로 한 스테인드글라스 외에는 더 이상 만들지 못했다. 교회의 거룩한 분위기와는 너무도 거리가 먼 것이라는 이유로 반대에 부딪혔기 때문이다. 물리학을 소재로 한 스테인드글라스는 부뚜막 위에 $E=mc^2$라는 아인슈타인의 공식이 있고, 그 아래에 히로시마에 원자폭탄이 투하된 날짜 1945년 8월 6일이 적혀 있다. 그의 이와 같은 일단의 작업이 보여주듯이 그는 인간을 통하여 인간이 위협받고 있음을 시사하고자 했다.

## 성령교회를 둘러싼 다툼

요한 빌헬름은 1697년 10월 30일 리스비크 평화조약으로 합병한 팔쯔 지역 땅 일부를 프랑스로부터 돌려받았다. 스페인 상속전쟁(1701~1714) 동안에 요한 빌헬름은 개인적인 지위향상을 꾀했다. 개신교 제후들의 동의를 얻고자 1705년 11월 21일 팔쯔 종교선언을 했다.

이에 따르면 루터파에게 1624년에 할당되었던 부지를 개혁파에게 5/7, 가톨릭교도에게 2/7를 보장했다. 1698년 교회기물 공동사용명령(Simultaneums-verordnung)으로 팔쯔 내에 교단들의 공동생활이 계속되었다. 그리고 공동시설을 설치하도록 했다. 1705년에는 프로이센의 중재로 요한 빌헬름이 종교선언을 했다.

그로 인해 그 동안의 개혁파에 대한 차별대우가 현저히 개선되었다. 교구교회인 성령교회는 그동안 가톨릭교도와 개신교도들이 공동사용해 왔는데, 1706년에는 지성소와 성도석 사이에 분리벽을 설치하였다. 지성소를 다시 가톨릭교도들이 사용한 것이다. 그런데 1719년 9월 4일 칼 3세 필립의 명령으로 군인들이 성령교회를 점령하고 분리벽을 무너뜨렸다. 칼 필립은 성령교회 전체를 가톨릭 성도들의 예배를 위해 사용할 수 있도록, 특히 궁정에서 사용할 수 있도록 하려던 것이었다. 그리고 개혁파에게 성령교회 옆에 새로운 교회를 지어 주겠다고 했으나 개혁파의 교회 위원회는 이러한 제의를 거절하였다.

개혁파 교회 위원회가 선제후 밑에 있는 하나의 기관에 불과했음에도 선제후에게 집요하게 저항할 수 있었다는 것은 정말 놀라운 일이다. 1648년의 베스트팔렌조약에서는 산하의 교회를 영주가 결정할 수 없도록 했다. 이 조약은 1685년 이래로 팔쯔를 지배하고 있었던 가톨릭 선제후들에게 그 나라의 재 가톨릭화를 추진할 수 없도록 했다. 1689년의 교회기물 공동사용 규정자체도 제국법을 위반하고 있었다. 결국 개혁파 교회위원회가 승리하여 1720년 2월 29일 칼 필립 3세가 황제의 명령에 굴복하여 성령교회의 성도석을 다시 개혁파에게 돌려주도록 지시했다. 한편 바로크 양식의 제후궁을 짓고 싶어하던 차에, 이로 인하여 맘이 상한 제후는 그의 제후궁을 만하임으로 옮겨버렸다.

1936년 하이델베르크 대학 550주년 기념일에는 마침내 성령교회의 분리벽을 제거하였다. 이 분리벽은 반종교개혁에 대한 상징이요, 가톨릭계 영주에 대한 개혁파 교회위원회의 집요한 저항의 기념비이며, 선제후궁을 잃은 것에 대한 기념비요, 18세기 하이델베르크의 경제적·문화적 몰락의 기념비였던 것이다.

이미 언급하였다시피 성령교회는 신·구교도가 함께 이용한 특이한 경력을 가진 교회이다. 1706년부터 1936년까지 양 교파가 예배를 볼 수 있도록 분리벽이 설치되어 있었던 것이다. 오늘날에는 교회는 개신교로 전환했으나 하이델베르크에서 교회 일치를 위한 중요한 예배를 드릴 때에는 성령교회에서 드린다.

## 예수회 교회와 하이델베르크의 재 가톨릭화 운동

30년 전쟁 중 1622년 틸리 장군이 하이델베르크를 점령하였다. 바이에른과 스페인의 가톨릭계 사람들은 이 승리가 가톨릭을 다시 하이델베르크로 들어오게 하려는 하나님의 뜻이라고 생각했다. 1629년부터 하이델베르크 주민들은 강제적으로 예배를 드리러 가야했다. 이 틈에 예수회 교단이 하이델베르크에 처음 들어왔다. 예수회 교단이 중점을 둔 사업은 교육이었다. 1624년에 20여명의 어린이를 가르치는 작은 사설 학교를 세우더니 4년 만에 온전한 김나지움이 되었다.

그러나 베스트팔렌 조약 이후 1649년 칼빈교도인 칼 루트비히가 팔쯔를 넘겨받았다. 이제는 예수회 교인들이 하이델베르크를 떠나야했다. 소수만이 집에서 예배를 보고, 공식적인 예배참여가 한트슈스하임에서는 허용되었지만 강하게 개종압력을 받았다. 칼 2세가 후사 없이 죽자 개혁파 팔쯔-짐메른계는 사멸했다. 뒤셀도르프에 있던 가톨릭계 팔쯔-노이부르크계 선제후 필립 빌헬름이 팔쯔를 차지했다. 하이델베르크에서는 이제 다시 가톨릭 교인들이 자유를 누렸다. 필립 빌헬름은 1686년 예수회교인들을 하이델베르크로 소환하여 장엄한 성례식을 거행했다. 그는 종교의 자유를 위해 노력했으나 장기

적으로는 가톨릭을 장려했다.

1693년 팔쯔 선제후국 지역이 상속전쟁에서 크게 파괴되었다. 이때 예수회 교인들이 하이델베르크를 떠났다가 1697년 리스비크 조약을 맺은 이후에 되돌아왔다. 1700년 선제후궁이 뒤셀도르프에서 하이델베르크로 되돌아왔다. 선제후 요한 빌헬름은 가톨릭교도가 모든 점에서 유리하게 만들었다. 1698년 팔쯔의 모든 교회를 개혁파, 루터파, 가톨릭계가 공동으로 사용하도록 명령했다. 1705년 팔쯔 종교선언에서 교회와 교회재산을 개혁파와 가톨릭에 5:2의 비율로 나눴다. 교구 교회인 하이델베르크 성령교회는 분리벽으로 나누어졌다. 예수회와 더불어 프란찌스카너, 카푸찌너, 카르멜, 도미니카너가 하이델베르크로 왔다.

1712~1723년 메리안슈트라세 2번지에 예수회 교회의 일부가 완성되었고, 칼 테오도르의 지원 하에 프란쯔 빌헬름 라발리아티가 1749~1759년에 완성했다. 탑은 1866~1872년에 완성하였다. 예수회 김나지움이 1715~1717년에 세워지고 많은 연극공연을 통하여 학생들의 창조력이 키워졌다. 예수회 교단의 이런 교육은 개신교도로부터도 찬사를 받았다. 1704년에는 상당한 개신교도들이 그들 자녀를 예수회 김나지움에 보냈다. 선제후 칼 필립은 1728년 모든 학부의 대학생들을 위하여 기숙사를 지었는데, 좋다는 평판이 독일 전체로 퍼졌다. 1732년 이미 대학생 73명(그들 중에 신학생이 19명). 1770년에는 130명이었다. 1750~1765년 사이에 세미나리움 카롤리눔

을 프란쯔 빌헬름 라발리아티의 지도하에 신축하였다.

여기서 1703년 예수회 교단에 의해 설립된 마리아 아카데미 수도회(Marianische Akademische Kongregation)가 큰 역할을 했다. 1736년 그 회원들의 마리아 숭배를 위하여 은 마돈나상을 세웠다. 이는 오늘날 예수회교회에 있다.

1713년 예수회는 마리아 시민연대를 설치하여 곧 가톨릭교회의 중심이 되었다. 회원은 350명 이상이었다. 1718년 선제후 칼 필립의 자극으로 콘마르크트에 마돈나상을 설치하였다. 이것은 하이델베르크에서 가장 아름다운 조각 중의 하나이다.

1717년 예수회는 큰 선교집회를 가졌다. 이 집회에는 약 4,000여 명이 참가했다. 1748년과 1750년에는 칼 테오도르가 예수회의 수난절차를 위하여 종려주일에 만하임에서 왔다. 이와 같은 재 가톨릭화로 인해 가톨릭 신앙이 새로이 널리 퍼져나가고 활력을 찾아 온 시내의 무수한 가정집 건물에 성모마리아와 성인(聖人)들의 상(像)을 설치하였다. 1738년 알테브뤼케 위에 세워진 성 요하네스 네포묵의 입상도 이런 과정에서 세워졌다.

하이델베르크의 재 가톨릭화는 이중의 목표를 가졌다. 하나는 가톨릭교회를 떠난 시민을 다시 가톨릭교회로 끌어들이는 것이고, 다른 하나는 약한 신앙인을 강하게 만드는 것이었다.

# 그 밖에 구경할만한 곳

## 칼 테오도르 다리(Karl-Theodor-Brücke)

하이델베르크에는 다섯 개의 다리가 있다. 역에서 내려 마주 보이는 하이델베르크 인쇄기계 주식회사에서 강변 쪽으로 걸어가면 다리가 하나 나온다. 에른스트 발쩌 다리(Ernst-Walzer-Brücke)이다. 이 다리를 건너자마자 다리 아래로 내려가 넥카비제(넥카 강변의 풀밭)를 따라 상류 방향으로 걸어가면 다시 다리가 하나 나온다. 테오도르 호이쓰 다리(Theodor-Heuss-Brücke)이다. 이 다리의 북쪽으로 걸어가면 필로조펜벡(철학자의 길)이 나오고, 남쪽으로 다리를 건너면 비스마르크 광장이 나온다. 테오도르 호이쓰 다리에서 다시 상류 쪽으로 걸어가면 나타나는 다리가

칼 테오도르 입상.

바로 칼 테오도르 다리이다. 나머지 두 개의 다리는 차가 다니지 못하는 다리이다. 그러나 그 위로 걸어갈 때의 운치는 말로 다 표현할 수 없다. 하나는 에른스트 발쩌 다리보다 더 하류, 동물원 가까이 있는 베어스텍(Wehrsteg)이고, 다른 하나는 칼 테오도르 다리보다 더 상류에 나 있는 슐로이제벡(Schleuseweg)이다.

이들 중 가장 유명하고 역사적인 다리는 칼 테오도르 다리이다. 이 다리는 1786~1788년 사이에 마티아스 마이어가 건축하였다. 이 다리가 선 위치는 성에서 잘 내려다보이는 곳이며, 옛 하이델베르크 도시의 한 가운데에 있다. 옛 하이델베르크는 대학 광장 부근에서 칼 광장부근까지 자리 잡고 있었기 때문이다.

칼 테오도르 다리는 이 위치에 세워진 아홉 번째 다리이며, 넥카강 위에 세운 최초의 석조다리이다. 기록에 의하면 이미 1284년에 이 자리에 다리가 있었다. 그러나 나무로 된 다리여서 비가 많이 오거나 빙하로 자주 떠내려가 버렸기 때문에 선제후 칼 테오도르가 이 다리를 만들게 했다. 그 때문에 이 다리의 이름이 '칼 테오도르 브뤼케'이다. 나중에 테오도르 호이쓰 다리가 생기자 '구 다리', 즉 '알테 브뤼케'라 불려지게 되었다. 길이 200m, 폭 7m의 이 다리는 시민들의 특별 세금으로 만들었는데, 당시 165,000굴덴이라는 엄청난 돈이 들었다고 한다.

하이델베르크 시민들은 선제후 칼 테오도르가 이 다리를 건축해준 것에 감사하여 그 다리 위에 칼 테오도르 동상을 세웠다(1788). 동상을 세운 진짜 목적은 칼 테오도르가 선제후궁을 다시 하이델베르크로 옮기도록 하기 위함이었다. 이 입상 조각은 조각가 프란쯔 콘라트 링크가 만든 것이다. 칼 테오도르가 고성을 바라보고 서 있으며, 발아래의 강이 신들로 둘러싸여 있는 모습이다. 이 강의 신들은 각기 팔쯔에 있는 네 개의 주요한 강, 즉 넥카강, 라인강, 마인강, 도나우강을 상징한다.

마찬가지로 링크가 만든 다리 위에 있는 다른 하나의 조각상은 북쪽 강변 가까이에 세워진 그리스 여신 미네르바, 즉 아테나(1790)이다. 아테나는 강의 상류 쪽을 바라보고 있다. 칼 테오도르는 자신이 다른 제후처럼 군주로서 묘사되기보다는 예술과 학문을 사랑하고 장려하는 제후로 인정받길 원했다. 그 발에 여인이 네 명 등장한다. 이들은 정의, 경건, 농업, 무역을 상징한다고 한다. 다리는 1945년 3월 29일에 고위 나치의 명령에 따라 폭파되었다가 1947년 7월에 루돌프 슈타인바흐에 의해 재건되었다.

## 브뤼켄토어(Brückentor)와 브뤼켄아페(Brückenaffe)

알테 브뤼케의 남쪽 편에 두 개의 탑이 솟아 있는 관문이 있다. 이것을 '브뤼켄토어'라 한다. 이 다리 관문은 이미 15세기에 지어진 것으로 옛날에는 구시가지로 들어오는 관문역할을 했다. 그런데 브뤼켄토어의 탑이 원추형 지붕을 갖게 된 것은 1788년 개축한 이후라고 한다.

알테 브뤼케의 남쪽에 있는 브뤼켄토어 서편 강변에 청동조각상이 있다. 얼핏 보면 사람모습 같기도 한데 꼬리가 달린 걸 보면 사람은 아니다. 이 청동조각의 이름을 우리말로 번역하면 '다리 원숭이'라는 뜻의 '브뤼켄아페'이다. 이 브뤼켄아페는 '구 하이델베르크 협회(Der Verein Alt-Heidelberg)'의 노력의 결과 세워지게 되었다.

1891년에 창립된 이 협회의 설립 목적은 하이델베르크의 역사적인 도시 이미지를 그대로 보존하고, 문화유산과 옛날부터 전해오는 관습을 보존하는 것이다. 이 단체가 1977년 공모 끝에 게르놋 룸프(Gernot Rumpf) 교수를 선정하고 원숭이 조각상을 만들 것을 위임하였다. 이때 세 가지 조건을 달았다고 한다. 첫째는 원숭이를 옛날의 모습으로 만들 것, 둘째는 원숭이의 엉덩이를 강 건너편으로 향하게 할 것, 셋째는 손에 거울을 쥐고 있어야 한다는 것이었다.

그러면 왜 원숭이 조각상을 만들려고 했으며, 그 모양과 관련해서는 왜 위의 세 가지 조건을 붙였을까? 이미 언급한 바와 같이 알테 브뤼케 위치에는 이미 여러 차례 다리가 서 있었다. 그 중 여섯 번째 다리가 1470년에 만들어졌다. 1620년 당시를 묘사한 메리안의 동판화를 보면 그 다리 위 북쪽에는 관문탑이 세워져 있다. 당시로써는 이 다리가 하이델베르크로 들어오는 통로였기 때문이다.

사람들은 이 탑을 원숭이 탑(Affenturm)이라 불렀다. 탑의 북쪽 벽감에 원숭이가 조각되어 있었기 때문이다. 왼손에는 거울을 들고, 엉덩이는 북쪽을 향한 채, 오른 손으로 그 엉덩이를 만지고 있는 부조이다. 그리고 그 밑에는 이렇게 새겨져 있었다.

그대 왜 그리도 날 물끄러미 바라보고 있소?
늙은 원숭이를 하이델베르크에서 본 바가 없소?
여기저기를 둘러보세요.
거기서 나를 닮은 이를 더 보게 될 거요.

당시 강 건너 북쪽은 마인쯔 주교가 관할하는 지역이라고 한다. 그런 점에서 엉덩이를 북쪽으로 향하고 있는 것은 팔쯔 선제후의 권력이 마인쯔 주교의 권력보다 위에 있음을 암시하는 것이라고 한다. 옛날 하이델베르크에는 원숭이가 많이 살았다고 한다. 추정컨대 긴꼬리원숭이가 살았을 것이다. 사람들이 다리 근처에서 살아있는 원숭이를 잡기도 했다고 한다.

오를레앙 전쟁으로 다리가 무너지면서 탑도 사라졌다. 그러나 하이델베르크를 사랑하는 구 하이델베르크 협회는 비록 당시의 긴꼬리원숭이는 아니지만, 아프리카산 비비원숭이 모습으로라도 하이델베르크의 옛 모습과 정신을 되살리고 있다.

## 하이델베르크 인쇄 미디어 교육관(Print Media Academy)

역에 내려서 동편으로 난 문을 통해 역 밖으로 나오면 약간 우측으로 마주보이는 곳, 교차로의 한 모퉁이 지점인 쿠어퓌르스텐 안라게 52-60번지에 쇠와 유리로 된 건물이 우뚝 솟아 있다. 1999년에 짓기 시작하여 2000년 7월에 준공한 건물로 하이델베르크 인쇄기계 주식회사(Heidelberger Druckmaschinen AG)의 교육센터인 '인쇄 미디어 교육관(Print Media Academy)'이다. 건물 앞에는 위르겐 괴르쯔(Jürgen Goertz)가 금속으로 만든 말이 서 있다. 이 말은 특이하게도 다리가 세 개이다. 이것은 하이델베르크 인쇄기계 주식회사의 영업 분야가 세 개임을 상징한다고 한다.

하이델베르크 인쇄 미디어 교육관.

하이델베르크 인쇄기

계 주식회사는 정말 대단한 회사이다. 세계적인 회사로서 우리나라에서도 웬만한 인쇄소에서는 이 회사에서 생산한 기계를 사용하고 있다. 처음에 이 회사는 1850년에 안드레아스 함이 프랑켄탈에서 세운 종(鍾)과 기계를 만드는 회사였다. 그후 1967년에 회사명을 지금의 '하이델베르크 인쇄기계 주식회사'로 개명하였다. 2000년에 회사 창립 150주년을 맞은 이회사는 사세를 국내뿐만 아니라 해외로까지 확대하여 프랑스, 멕시코, 네덜란드, 영국, 미국 등 세계 여러 지역에 지점을 세웠다. 독일 내에서도 8개 도시에 지사를 갖고 있는데, 하이델베르크에서만 종업원이 약 2,400명에 이른다.

## 모라스의 집과 쿠어팔쯔 박물관
### (Palais Moraß und Kürpfalzisches Museum)

하이델베르크는 도시의 크기에 비하여 박물관이 많다. 하우프트슈트라세 22번지에 있는 '독일 포장 박물관(Deutsches Verpackungs-Museum)'은 개성 있는 박물관 중의 하나이다. 19세기와 20세기의 산업제품 포장의 발전과정과 다양한 기능을 엿볼 수 있는 곳이다.

분재 수집가인 파울 레스니비찌가 세운 분재 박물관(Bonsai-Museum)도 다른 도시에서는 쉽게 발견할 수 없는 박물관이다. 만하이머 슈트라세 401번지에 있다.

박물관에 대해 언급하면서 하우프트슈트라세 97번지 모라스의 집(Palais Moraß)에 들어서 있는 쿠어팔쯔 박물관을 언급하지 않을 수 없다. 모라스의 집은 하이델베르크에 있는 가장 화려한 바로크 양식의 집 중의 하나이다. 최초의 건축주인 필립 모라스는 법학교수이며 가톨릭계로 바뀐 대학의 초대 총장이었다. 선제후가 그를 귀족으로 격상시켰다. 그는 아담 부로이니히에게 바로크 양식의 집을 짓도록 했다.

1732년 모라스가 죽은 이후에 이 집의 주인은 여러 차례 바뀌었다. 1815년 9월 29일 괴테가 바이마르의 칼 아우구스트 공작과 함께 이 집을 방문한 적도 있다. 1817년에서 1824년까지 유명한 신학자이자 괴테의 친구인 하인리히 에버하르트 고트로프 파울루스가 그의 가족과 함께 살기도 했다. 그 이후에도 주인이 여러 차례 바뀌다가 1905년 소유권이 하이델베르크 시로 넘어갔다. 1984년에 확장하였으며 전시물의 대부분은 새로 지은 현대적 건물에 전시된다.

쿠어팔쯔 박물관은 몇 개의 전시실로 나뉘어져 있다. 고고학 전시실에는 600,000만 년 전의 구석기 시대 호모 하이델베르겐시스 아래턱뼈가 있고, 이 지역에까지 영향력을 뻗쳤던 로마 시대 유적이 가장 큰 공간을 차지하고 있다. 또한 하일리겐베르크의 중요 문화유적이 한 공간을 차지하고 있다. 도시 역사 전시실에는 쿠어팔쯔의 묘석, 돌조각 등 중세부터 1800년대까지의 석물조각이 전시되어 있다. 그림과 조각 전시실에서는 선제후궁과 연관된 15세기에서 20세기까지의 예술작품이 전시되어 있다. 후기 중세의 주요작품 중의 하나인 틸만 리

멘슈나이더가 1509년에 제작한 「12사도 제단」도 전시되어 있다. 그리고 하이델베르크 낭만주의 작품과 선제후들의 초상화가 전시되어 있다.

공예품 전시실에서는 18세기에서 19세기의 생활문화를 엿볼 수 있고 의상 전시실에는 18세기에서 20세기까지의 의상이 전시되어 있다. 그래픽 수집품 전시실에는 중세부터 20세기까지의 약 7,000점의 수채화, 13,000점의 인쇄 그래픽이 전시되어 있다.

## 프리드리히 에베르트 대통령 생가(Friedrich-Ebert-Gedenk-stätte)

시청 근처 성령교회 뒤편 파펜가세 18번지에 프리드리히 에베르트 대통령의 생가가 있다. 집의 크기가 46㎡이니, 14평의 작은 집이다. 집 안으로 들어가 나무로 된 가파른 계단을 따라 2층으로 올라가면 프리드리히 에베르트가 어린시절을 보낸 시기의 독일의 생활상을 엿볼 수 있다. 지붕은 낮고, 전기시설도 없고 수돗물도 나오지 않았던 집이다. 2층의 작은 방 벽에는 다음과 같은 구절이 적혀 있다. "희망 속에서 즐거워하고, 고난 속에서 인내하라. 기도를 쉬지 말라."

프리드리히 에베르트의 아버지 칼 에베르트와 어머니 카타리나 에베르트는 오덴발트 농가출신으로 1866년 이 집으로 이사를 왔다. 가정형편은 그리 나쁜 편은 아니었다고 한다. 아버지는 재단사였으며, 에베르트는 1871년 2월 4일 이곳에서 9

남매의 자녀 중 일곱 번째로 태어났다. 세 남매가 일찍 죽고, 이곳에서 나머지 다섯 자매와 함께 어린 시절을 보냈다. 7학년 때의 성적표를 보면 그는 44명의 학생 중에서 32등이었다.

한때 그는 오늘날 가죽제품을 팔고 있는 하우프트슈트라세 101번지(레더바렌 슈밋)에서 말안장을 만드는 도제수업을 받았다고 한다. 1888년 그는 말안장 만드는 법을 배우는 것을 그만 두었다. 자신이 생각하기에는 부당하게 사장으로부터 따귀를 얻어맞은 4주 후였다.

그 후 그는 타지로 가서 13년간 방황한 끝에 브레멘에 정착하였다. 그는 노조운동을 거쳐 브레멘의 노동사무국을 이끌게 된다. 1905년부터 베를린으로 가서 사민당 중앙회의 비서로 일하다 1912년에 하원의원으로 의회에 진출하였다. 1913년 사민당 당수였던 베벨이 죽은 후에 1913년 9월 20일 사민당 당수로 선출되었다. 1918년 11월 9일 독일혁명이 일어나고 황제 빌헬름 2세가 퇴위하였다.

1919년 2월 10일 그는 바이마르 공화국의 초대 대통령으로 선출되었다. 그러나 그는 1925년 2월 28일 수년 간 앓아오던 담석증으로 54세의 나이로 사망했다. 며칠이 지난 3월 5일 9시 30분 하이델베르크 역에서 장례행렬이 이동했으며, 그의 시신은 베르크프리트호프 공원묘지에 안장되었다.

후일 요하네스 라우 대통령은 독일 민주주의의 역사에 끼친 프리드리히 에베르트의 업적에 대해서 "내외적으로 극도로 어려운 상황 속에서 제국의 통일을 유지하고, 오랫동안 지체

되어온 의회 민주주의를 시작했으며, 사회주의 공화국 건설에 중요한 방향석을 놓았다"고 말하였다.

1989년 독일사의 첫 민주주의 대통령을 기념하고 당시의 독일사회를 이해하는데 기여하기 위하여, 1986년 12월의 결의된 법에 따라 기념관이 에베르트의 생가에 들어서게 되었다.

## 상트 게오르크 기사의 집(Zum Ritter St. Georg)

하우프트 슈트라세 178번지에 있는 상트 게오르크 기사의 집(Zum Ritter St. Georg)은 1592년에 후기 르네상스 양식으로 된 5층 건물로 하이델베르크에서 가장 오래된 건물이다. 1622년, 1689년, 1693년에 하이델베르크에서 일어난 큰 전쟁에서 살아남은 유일한 집이기 때문이다. 이 건물은 팔쯔 상속전쟁으로 도시가 파괴되고 난 다음에 10년 동안 시청으로 사용된 특이한 이력을 갖고 있다. 1703년부터 현재까지 호텔로 사용되고 있는 이 건물의 이름은 뾰족지붕의 끝에 올려져 있는 상트 게오르크 기사상 때문에 붙여진 것이다.

이 집의 주인은 종교적인 이유로 1572년 프랑스 뚜르나이(Tournay)에서 하이델베르크로 피난 온 위그노파 교도인 카를루스 벨리어(Charles Belier)였다. 그는 수건장사를 하여 거부가 되었다고 한다. 이 집은 1층과 나머지 층이 상당히 비대칭적인 건물이다. 1층은 원래부터 있었던 건물이며 2층부터 벨리어가 지어 올렸다. 1층은 둥근 창으로 보아 가게였던 것으로 추정된다. 하이델베르크에서는 벨리어가 수건장사를 하지 않았기 때문에 그 건물을 벨리어가 매입하기 이전에 가게였을 것으로 추정된다.

전면에 새겨져 있는 부조가 특이하다. 3층의 오른쪽 창 아래에는 두 개의 메달이 있다. 그것은 건물 주인인 벨리어와 그의 부인 프랑시아 소리오의 초상이다. 그 옆 왼쪽 창 아래에는 벨리어와 소리오의 문장이 새겨져 있다. 양 한 마리와 물고기 두 마리이다. 프랑스어로 벨리어(Belier)는 양의 수컷을 의미하고, 소리오('saur' 내지 'sor')는 물고기를 의미한다. 2층의 오른쪽 쌍둥이 창 아래에는 사각 초상화가 있는데 그의 자녀들이라고 한다. 그리고 오른쪽 쌍둥이 창 아래에는 양 두 마리가 마주보고 있다. 벨리어는 1618년에 죽었고 페터스키르헤에 안장되어 있다.

1904년에 수리한 아름다운 전면을 제외하면 이 집에 원래의 것은 더 이상 남아있지 않다고 한다. 50년대 초까지만 해도 있었던 르네상스 양식의 계단도 승강기로 바뀌었다. 빅토르 위고가 라인지방을 여행하는 중에 이 집의 전면을 보고 칭찬했다고 한다. 작가 테오도르 슈토름은 1855년 8월과 1865년 9월에 이곳에서 숙박을 했다고 한다.

### 시청과 시장 광장(Rathaus u. Marktplatz)

성령교회와 시청을 사이에 두고 시장 광장이 있다. 시청은 팔쯔 상속전쟁시인 1689년 3월 2일에 불타버렸다. 1701~1705년 사이에 바로크 양식으로 플레말(J. Flémal)이 건축하였다. 문장은 1710~1720년 사이에 하이델베르크에서 활동했던 헝가리인 하인리히 카라스키가 만든 것이다. 그는 시청 광장의 헤라클레스 분수(1705~1706)도 만들었다. 시청의 발코니의 로코코 창살은 1751년 추가되었다. 발코니 뒤에 1703~1901년까지 시청홀이 있었고, 1908년 불이 나서 개축되었다. 1886년에 시청을 동쪽으로 증축하였다. 1886~1890년에 북쪽건물이 증축되었다. 1961년에 시청은 더욱 동쪽으로 옮겨져 증축되었다.

## 크뇌젤 커피숍(Café Knösel)

성령교회 뒷골목 모퉁이 쪽에 하스펠가세 20번지에 하이델베르크에서 가장 오래된 커피숍으로 1863년에 창립된 크뇌젤(Café Knösel)이라는 커피숍이 있다. 여기서는 커피와 함께 케이크를 판다. 여기서 커피를 한 잔하고, 나올 때에는 '하이델베르크 대학생의 키스(Heidelberger Studenten Kuß)'라는 초콜릿을 기념으로 하나 사오길 바란다. 빨간 바탕에 까만 그림자 그림의 포장지가 정말 예쁘다. 이 초콜릿의 유래는 이 커피숍의 옛날 분위기를 잘 대변해준다.

이 커피숍은 품위 있는 시민들과 교수들의 만남의 장소이기도 했지만, 특히 대학생들이 많이 들렸었다고 한다. 이 사실

크뇌젤 커피숍 내부.

을 말해주듯 크뇌젤의 벽면에는 옛날 대학생들의 사진이 많이
걸려있다. 1900년까지는 여학생들은 대학에 갈 수 없었다. 그
러므로 이곳은 하이델베르크의 사춘기의 여학생들이 수업을
마친 젊은 대학생들을 만나 볼 수 있는 장소였다. 여학생들은
그들을 감시하는 임무를 맡은 가정교사와 함께 이곳에 들렀다
고 한다. 그래서 이곳은 청춘남녀가 가정교사의 감시하는 눈
길을 피해 서로 눈길을 교환했던 곳이었다. 그러나 가정교사
의 감시가 엄했기 때문에 그들은 감정을 억누를 수밖에 없었
는데, 이것을 눈치 챈 재치 있는 주인 프리돌린 크뇌젤이 초콜
릿을 만들어서, 다음에 그 여학생이 다시 방문했을 때 미소 지
으며 여학생과 눈빛을 교환했던 '대학생의 키스'라고 전해주
었다고 한다.

## 콘 마르크트의 성모 마리아 분수
### (Konmarkt und Muttergottes-brunnen)

시청과 칼 광장 사이에 콘마르크트가 있다. 16세기 중엽에 생겨난 것으로 처음에는 우유와 야채를 거래하는 시장이었으나 17세기 이후로 콘마르크트라 부르게 되었다. 1685년 쿠어팔쯔의 선제후가 개신교 선제후에서 가톨릭 선제후로 교체된 이후 예수회 교단을 중심으로 많은 장소에 성모 마리아상이 세워졌다. 재 가톨릭화 운동의 일환으로 1718년 칼 필립 선제후 치하에서 성모 마리아 분수를 만들었다.

성모 마리아가 선제후에 의하여 쿠어팔쯔의 가톨릭 신앙의 수호신으로 선언된 이후 콘마르크트의 성모 마리아상이 있는 곳이 종교숭배의 중심지가 되었다. 19세기 초 시민계급이 귀족과 성직자에게 반발했을 때 성모상은 종교 중심지로서의 의미를 상실하게 되었다.

## 붉은 황소의 집(zum Roten Ochsen)과 제플의 집(zum Seppl)

옛날 대학생들이 드나들었던 술집으로 하이델베르크에서 가장 유명하고, 오래된 곳은 '붉은 황소의 집'이다. 1703년에 지어졌으며, 165년 전인 1839년 전부터 슈펭엘이 소유하고 있다. 영화 「황태자의 첫사랑」의 여주인공 케티가 술집 종업원으로 일하던 장면을 이곳에서 촬영하면서 더욱 유명하게 되었다.

이와 같이 오래된 집들의 특징은 옛날 젊은이들의 낙서이다. 탁자와 벽에 새겨진 낙서가 오늘날에도 그들이 마치 살아 있는 듯한 느낌을 준다. 저녁 8시부터 라이브로 연주되는 피아노 반주에 맞추어 함께 노래 부르면 젊음이 무엇인지, 인생이 무엇인지에 대해서 새삼 깨달을 수 있게 된다. 이곳에서는 1965년까지 술값을 계산하기 편하도록 비어뮌쩨(Biermünze)라고 하는 별도의 코인을 사용했다고 한다.

하우프트슈트라세 213번지에 하이델베르크에서 두 번째로 유명한 술집이 있다. 바로 '제플의 집'이다. 1634년에 지은 이집은 붉은 황소의 집과 마찬가지로 사진과 옛날 대학생들이 칼로 새긴 이름들이 가득하다.

## 칼스토어(Karlstor)

칼스토어는 구 시가지의 동쪽 끝에 칼스토어 1번지에 위치하고 있다. 칼 테오도르 선제후의 명예를 기리기 위한 승리의 개선문이다. 세운 목적은 만하임에 있는 칼 테오도르 선제후에게 잘보여 하이델베르크로 돌아오도록 하기 위함이었다. 1775~1785년 사이에 니콜라스 드 피가제(Nicolas de Pigage)의 설계로 만들었다. 1775년 10월 2일 기공식에 칼 테오도르 선제후가 직접 참석했다고 한다. 로마의 개선문을 본떠 만든 건물이며, 꼭대기에는 팔쯔의 두 마리 사자가 팔쯔의 문장을 호

위하고 있다. 지하실은 감옥으로 사용되었다.

## 볼프스브룬넨(Wolfsbrunnen)

하이델베르크 구 시가지의 중심도로인 하우프트슈트라세를 따라 칼스토어까지 가면 그 이후는 슐리어바흐이다. 슐리어바흐 국도를 따라 쭉 가다가 우회전하면 멀지 않은 곳에 볼프스 브룬넨(늑대의 우물)이 있다. 행정적으로는 볼프스브룬넨슈타 이게 15번지이다. 이곳은 주변 경치가 좋아서 예부터 시민들 이 소풍을 많이 오는 곳으로 유명하다. 숲이 우거져서 짙은 그 늘을 이루고 맑은 샘물이 흘러넘치는 곳이었기 때문이다. 지 금은 나무들을 모두 베어 숲은 사라졌지만 기록으로 보면 300 년 이상 된 보리수나무들이 서 있기도 했던 모양이다.

1550년에는 선제후 프리드리히 2세가 사냥하다가 쉴만한 휴식처를 샘물 곁에 만들었다고 한다. 그로부터 70년 뒤에는 선제후 프리드리히 5세가 정원을 만들었다. 그 이후에도 모든 선제후들이 가족과, 혹은 손님들과 이곳에 머물며 이곳의 경 관을 즐겼다고 한다. 물론 일반인들도 접근 가능한 곳이었다.

1801년 하인리히 폰 클라이스트, 1803년 루트비히 티크, 1807년 아이헨도르프, 그 외에도 많은 시인, 작곡가, 화가들이 이곳에 들렀다. 그들 중에 시인으로는 임머만, 헵벨, 켈러, 음 악가로는 슈만과 바그너, 화가로는 브링크만, 그라임베르크 등이 있다. 심지어 1815년에는 짜르 알렉산더와 오스트리아의 프란쯔 황제도 왔었다. 오스트리아의 황제비 엘리자벳, 스웨덴의 여왕 빅토리아도 다녀갔다.

18세기 말에는 이곳이 낭만주의자들의 아성이 되기도 했다. 유감스럽게도 19세기에 들어서면서부터 나무들을 많이 베어 버렸다. 1822년에는 칼스루에의 건축가 프리드리히 바인브렌너의 설계로 스위스 스타일의 여관이 생겼다.

볼프스브룬넨이라는 지명은 전설에서 유래했다고 한다. 옛날에는 지금의 하이델베르크 고성이 있는 언덕을 '예텐뷜(Jettenbühl)'이라 했던 모양이다, 그곳에 한 점쟁이가 살고 있었다. 사람들은 그녀를 '예타' 혹은 '유타'라고 부르기도 하고, '벨레다'라고도 불렀다. 이 점쟁이는 자주 예텐뷜 언덕에서 가까운 숲이 우거진 골짜기로 가곤 했다. 어느 더운 여름날 그녀는 그 골짜기로 가서 샘물을 마시고 쉬려고 했었다.

그런데 그때 그곳에는 늑대가 어린 새끼와 함께 누워 있었다. 사람이 다가오자 자기 새끼가 위험하다고 느낀 늑대가 보호본능에서 그만 이 점쟁이를 물어 죽였다. 그때부터 사람들은 이곳을 볼프스부룬넨(늑대의 우물)이라고 불렀다. 그래서 전에는 늑대의 입에서 물이 흘러나오도록 분수를 만들어 놓았는데 지금은 부서지고 없고, 1897년 작은 연못에 청동조각으로 늑대를 만들어 놓았다.

고성에서 가까운 곳인 고성 위쪽에 난 길 슐로스 볼프스브룬넨벡 33번지에는 1921년 BASF(die Badische Anilin-Soda-Fabrik AG)가 칼 보쉬(Carl Bosch, 1874~1940) 회장님을 위하여 보쉬

빌라(Villa Bosch)를 지었다. 1940년 칼 보쉬는 그의 빌라에서 사망했으며, 1945년에는 연합군이 거기에 들어왔다. 나중에 미국 대통령이 된 드와이트 아이젠하우어 장군과 다른 장군들이 여기서 묵었다. 거의 10년 동안 이 집은 미군 지휘관들의 숙소로 쓰였다. 나중에 한 영화회사가 들어오고, 1971년에는 남독방송(Süddeutsche Rundfunk) 하이델베르크 스튜디오가 들어왔다. 1995년에는 7백만 마르크에 소프트웨어회사인 SAP에 팔렸다가 지금은 '하이델베르크 유럽 언론 연구소(EML: das Heidelberger European Media Laboratory)'가 들어와 있다.

### 베르크프리트호프 공원묘지(Bergfriedhof)

1844년에 개장된 베르크프리트호프 묘지는 하이델베르크에서 가장 아름다운 공원묘지이다. 그 안에 나 있는 길의 총길이는 약 30km이다. 여기에는 하이델베르크의 유명인사들이 묻혀있다. 예를 들면 독일 공화국의 초대 대통령인 프리드리히 에베르트, 전 시장 나인하우스, 문화사가 리하르트 벤쯔. 하이델베르크에서 태어나지도 살지도 않았던 사람도 있다. 지휘자이자 작곡가인 빌헬름 푸르트벵러(1886~1954)가 그 주인공이다. 그 연유는 사진작가이자 화가인 그의 어머니가 하이델베르크에 살았기 때문이다.

입구에 들어서면 조그마한 건물이 하나 있는데 공원묘지 사무실이다. 시청의 묘지과가 그 안에 있다. 2002년에는 특별한 묘지가 그곳에 새로 들어서게 되었다. 500그램 미만의 유산아나 사산아를 위한 묘지이다. 그 묘지에는 특이한 모양의 조각이 하나 세워져 있다. 나비 모양 같기도 한데 날개가 짧다. 나비는 임신을 상징한다고 하고 날개가 짧은 것은 수명이 짧음을 의미한다. 거기엔 "조산하거나 사산하여 같이 살 수 없었던 어린이들을 위한 안식처"라는 묘비명이 적혀있다.

# 필로조펜벡과 하일리겐베르크

## 필로조펜벡(Philosophenweg 철학자의 길)

하일리겐베르크의 남쪽 산허리, 해발 약 200m높이에 거의 수평으로 길이 하나 나 있다. 이곳은 태양이 잘 비치고, 독일에서 가장 온화한 기후를 가진 곳 중의 하나이다. 이 길에 대해서는 1805년에 처음 언급되는데, 이 길을 만드는 것을 가지고 약 50년간이나 논란이 있었다고 한다. 그러다 1817년 바덴 대공이 울퉁불퉁한 포도밭을 정리하였다고 한다. 이 길이 유명한 것은 '하이델베르크의 3요소(Heidelberger Dreiklang)', 즉 산과 강과 성을 가장 잘 볼 수 있기 때문이다. 그래서 수많은 대학생, 시민, 교수 그리고 관광객들이 거닌 곳이다.

이곳에 오르는 방법은 두 가지가 있다. 테오도르 호이쓰 다리를 건너가서 물리학연구소를 거쳐 올라갔다가 슐랑엔벡(Schlangenweg, 뱀길)으로 내려오는 방법과 칼 테오도르 다리, 즉 알테 브뤼케를 건너가서 뱀길로 올라 필로조펜벡에 이르는 방법이다. 필자는 하이델베르크에 머물 시간적 여유가 좀 있는 관광객에게는 전자를 권하고 싶다. 그렇다면 그는 역에서 내리자마자 바로 에른스트 발쩌 브뤼케를 건너 넥카비제(넥카 강변의 풀밭)를 걸어 테오도로 호이쓰 다리까지 간다. 거기서 다리 위로 올라가 북편으로 차도를 따라 직진하여 5분쯤 걸어가면 오른편에 필로조펜벡으로 올라가는 좁은 골목이 나온다. 물론 조그마한 도로표지판도 세워져 있다. 시작 부분은 조금 가파른 길이지만 그렇게 먼 길이 아니다.

집들을 지나 산허리에 이르면 갖가지 꽃들이 만발한 조그마한 동산이 나온다. 철학자의 동산(Philosophengärten)이다. 특별히 이름을 그렇게 붙일만한 이유는 없어 보이지만, 아마도 철학자의 길에 있는 동산이라는 의미일 것이다. 거기서부터는 평탄한 길이다. 길을 따라 오른편에는 1807년 5월 17일 하이델베르크에 도착하자마자 이곳 필로조펜벡에 올랐다는 시인 아이헨도르프의 동산이 있고, 19세의 나이로 루이 16세의 동생 오를레앙 공작과 결혼하여 하이델베르크를 떠난 후 "내가 이 말을 하지 않는다면 질식할 것 같다"라고까지 말하며 하이델베르크를 그리워한 비운의 여인 리제롯데 폰 팔쯔의 비석이 있다. 1908년에 세운 것이다. 슐랑엔벡으로 내려가는 길의 입구를 지나쳐 필로조펜벡을 조금 더 걸어가면 하이델베르크 송시를 지은 횔더린의 동산이 있다.

필로조펜벡을 걸어가다 보면 넥카강 쪽의 나무와 숲의 키가 낮아지면서 시야가 탁 트인 곳이 나온다. '메리안의 조망(Merianblick)'이라고 불리는 곳이다. 여기서는 구도시를 방해받지 않고 볼 수 있다. 길 가에는 1620년 마테우스 메리안이 만든 동판화를 확대해 놓은 안내판도 있다. 그것을 들여다보면 당시에는 성이 부서지지 않은 채 있었고, 예수회 교회는 아직 세워져 있지 않다. 넥카강에는 물레방아가 세 개나 있으며, 넥카강의 다리에는 지붕이 이어져 있고, 다리 위 북쪽 끝 부분에는 거울을 든 긴꼬리원숭이가 벽감(壁龕)에 새겨져 있었다는 경계탑도 보인다.

## 슐랑엔벡

필로조펜벡에서 풍경을 즐긴 이후에 넥카강으로 내려오려면 꼬불꼬불한 슐랑엔벡으로 내려온다. 우리말로 직역하면 '뱀길'이요, 의역하면 '꼬부랑길'이다. 1812년에 처음으로 문헌에 등장하는 슐랑엔벡은 포도밭을 가로질러 나 있는 오솔길이다. 중세부터 포도 농가들이 그 길을 이용하였다. 슐랑엔벡은 계단으로 된 길이다. 18세기 말에 비로소 그 계단을 만들었다고 한다. 넥카강에서 필로조펜백까지 185개의 계단이 있다. 좁다란 길이지만 넝쿨이 하늘을 덮어 한 여름에도 땀을 식

히기에 충분한 그늘을 만들어 준다.

## 비스마르크 탑(Bismarckturm)

　철학자의 동산에서 멀지 않은 곳에 산등성으로 오르는 길이 나 있다. 그 길로 조금만 올라가면 15m 높이의 비스마르크 탑이 나온다. 일종의 전망탑이다. 1890년 이래로 독일에서는 비스마르크의 명예를 기리기 위해서 탑을 세우는 경향이 있었다. 1898년 비스마르크가 죽은 이후에도 계속되었는데, 독일 대학생회가 이 일에 앞장섰다. 하이델베르크 시도 독일 대학생회로부터 비스마르크 탑을 건립하도록 하는 요청을 받고 탑을 세우기로 결의하였다. 1902년 7월 29일에는 비스마르크가 하이델베르크 명예시민이 되었으며, 1903년 1월 19일 제국 창건일을 기념하여 이 탑의 준공식을 올렸다.

## 하이덴로흐(Heidenloch)와 슈테판 수도원(Stephanskloster)

　해발 400m에서 약간 못 미치는 지점에 위치한 클로스터벡 길가에 깊이 52m, 넓이 3.5m의 우물이 있다. 원래는 우물이 아니라 예배를 보던 곳으로 추정된다. 그것은 수직 갱도로서 망치와 끌로 바위를 뚫어서 판 것이다. 켈트족 시대에 이미 만들어졌다고 보는데 여기서 넥카강 아래로 성에 이르는 비밀통로가 있었다는 소문이 있었으나 발견되지는 않았다. 빅토르 위고도 달빛이 비칠 때 하이덴로흐에 온 적이 있다고 한다. 거기서 가까운 곳에 슈테판 수도원이 있다. 이 수도원은 1090년에 로르쉬 수도원 측에서 지었으며 1530년부터는 사용되지 않았다고 한다.

## '딩' 야외무대(Thingstätte)

나치 시대에 독일에서는 '딩' 야외무대를 많이 건설하였다. '딩'이라는 것은 이미 타키투스의 「게르마니아」에도 기록되어 있는 고대 게르만인들의 의사결정 체제이다. 나치의 이런 움직임은 독일제국이 고대 게르만의 전통과 그 정신을 이어받고 있음을 알리려는 의도였다. 하이델베르크의 하일리겐베르크에 딩 야외무대를 건립하기로 한 것은 우연이 아니다. 기원전 60년 전 로마인이 그곳을 점령하기 이전에, 하일리겐베르크는

딩 야외 무대.

다양한 게르만인들의 의식이 행해지던 곳으로 전해지고 있었기 때문이다. 하일리겐베르크의 딩 야외무대는 1934년에 기공하여 1935년 6월 22일에 준공식이 있었다. 이 때 2만 명의 관중 앞에서 요제프 괴벨이 연설을 했고 그해 7월 20일에는 유명한 표현주의 서정시인이며 클라이스트 작가상을 수상한 쿠르트 하이니게의 「제국으로 가는 길」이라는 연극이 초연되었다. 1937년에 딩 운동이 끝이 났다. 그 이유는 야외공연을 할 적합한 작품이 없었기 때문이다. 게다가 그 사이에 영화와 방송이 보다 적합한 선전매체임을 깨달았기 때문이다. 그 후에도 연극공연, 하지제, 회사의 축제, 기 봉헌식 등이 이곳에서 행해졌다.

## 미하엘 수도원(Kloster St. Michael)

하일리겐베르크의 산 정상에 지금은 폐허가 된 수도원이 하나 서 있다. 이곳에서는 수도원이 생기기 훨씬 이전에 고대 시대에 의식이 행해졌던 아직도 의문이 풀리지 않은 곳이다. 아마도 켈트족들의 성지로 추정된다. 초기 로마네스크 양식의 폐허 수도원의 교회 건물은 10세기 후반에 로쉬 수도원에 의해 건립된 것으로 추정된다. 큰 건물은 1030년에 지어졌다. 1530년 이후에는 더 이상 사용되지 않았다. 마치 로마에라도 온 듯이 폐허 석주들이 예사롭지 않게 수세기를 버티고 서 있다.

# 주

1) http://home.t-online.de/home/hansjoachimr/namehd.htm 및 Michael Buselmeier, *Literarische Führungen durch Heidelberg.* 2. Aufl. (Wunderhorn, Heidelberg, 2003), p.13. 참고.

2) Staatliche Schlösser und Gärten Baden-Württemberg(Hrsg.), *Romantik. Schloß Heidelberg im Zeitalter der Romantik*(1999), Bearbeitet von Uwe Heckmann, *Regensburg: Schnell und Steiner,* p.15 참고.

3) Bernd Müller, *Architekturführer Heidelberg,* (Manheim: Quadrat,1998), p.32와 Michael Buselmeier: *Literarische Führungen durch Heidelberg.* 2. Aufl.(Heidelberg: Wunderhorn.2003), p.194 참고.

4) Buselmeier, p.191 참고.

5) *Romantik. Schloß Heidelberg im Zeitalter der Romantik*, p.13 참고.

6) http://www.zum.de/Faecher/G/BW/Landeskunde/rhein/hd/frb_ott1.htm

7) Oliver Fink, p.5 참고.

8) 연도에 약간의 차이가 있다. Baedeker에는 1778년으로, http://www.fpi.uni-hd.de/galerie/hd_uebung/AnnaHuth/Karzer/Seiten/einfuehrung.htm에는 1784년으로 되어있다.

9) Buselmeier, p.104 참고.

10) 2005년 필자가 다시 하이델베르크 도서관을 찾았을 때 2층 유리관에는 오래된 지구의 하나가 들어 있었고, 코덱스마네세는 2층 박물관에 전시되어 있었다.

11) 그 이름과 관련하여 어촌에 있었기 때문에 어부의 수호신인 베드로의 이름을 따서 교회이름을 지었다는 주장도 있고, 보름스 주교교구에 의해 지어졌기 때문에 보름스의 페터스돔과 이름을 같이 지었다는 설도 있다.

# 참고문헌

곽병휴, 『도시 속의 독일문화(상)』, 육일문화사, 2003.

요한 볼프강 폰 괴테, 최두환 옮김, 『서동시집 *West-österlichr Divan*』, 시와 진실, 2002.

Bernd, Müller, *Architekturführer Heidelberg. Bauten um 1000-2000*. Ed. Quadrat, Mannheim 1998.

Buselmeier, Michael, *Literarische Führungen durch Heidelberg*. 2. Aufl., Wunderhorn, Heidelberg, 2003.

Fink, Oliver, *Theater auf dem Schloß, Zur Geschichte der Heidelberger Festspiele*. Brigitte Guderjahn, Heidelberg, 1997.

Jensen, Jens Christian, *Romantic Heidelberg*, Braus, Bönnigheim, 2000.

Keck, Fridolin, "Im Dienst der 'Re-Katholisierung' : Die Jesuiten in Heidelberg", in: *800 Jahre Heidelberg, Die Kirchgeschichte*, hrsg. von der Rhein-Neckar-Zeitung GmbH, Heidelberg, 1996, S.71-78.

Ludwig, Renate und Marzolff, Peter, *Der Heiligenberg bei Heidelberg*, Theiss, Stuttgart, 1999.

Scharnholz, Theodor, *Heidelberg und die Besatzungsmacht*, Regionalkultur, Heidelberg, 2002.

Sellin, Volker, "Der Streit um die Heiliggeistkirche", in: *800 Jahre Heidelberg, Die Kirchgeschichte*, hrsg. von der Rhein-Neckar-Zeitung GmbH, Heidelberg, 1996, S.63-70.

Staatliche Schlösser und Garten Baden-Würtemberg(Hrsg.), *Romantik, Schloß Heidelberg im Zeitalter der Romank*. Schnell & Steiner Regenburg, 1999.

Vogt, Martin(Hrsg.), *Deutsche Geschichte*. 2, Aufl., Metzlersche Verlagsbuchhandlung Stuttgart, 1991.

Zerfaß, Beate, *Heidelberg wie es früher war*. 2, Aufl., Wartberg Verlag, 2000.

http://digi.ub.uni-heidelberg.de/cpg848

http://home.t-online.de/home/hansjoachimr/

http://home.t-online.de/home/hansjoachimr/1196.htm

http://www.augusta.de/~hwember/wittelsbacher/Linien.htm

http://www.cvb-heidelberg.de

http://www.heidelberg.de

http://www.saengerbund-schlierbach.de/ruckblicke.html

http://www.sino.uni-heidelberg.de/students/tjuelch

http://www.uni-heidelberg.de

http://www.wolfsbrunnen.de/mgeschichte.htm

http://www.zum.de/Faecher/G/BW/Landeskunde/rhein/hd/km/index.htm

─하이델베르크 낭만적인 고성의 도시

초판발행 2004년 6월 30일 | 2쇄발행 2008년 8월 25일
지은이 곽병휴
펴낸이 심만수 | 펴낸곳 (주)살림출판사
출판등록 1989년 11월 1일 제9-210호

주소 413-756 경기도 파주시 교하읍 문발리 파주출판도시 522-2
전화번호 영업 · (031)955-1350  기획편집 · (031)955-1357
팩스 (031)955-1355
이메일 book@sallimbooks.com
홈페이지 http://www.sallimbooks.com

ISBN 89-522-0251-1 04080
     89-522-0096-9 04080 (세트)

값 3,300원